Rechtbank Amsterdam
Foto: Fernando Guerra FG+SG

Integrale ontwerpvisie

Ons hart gaat sneller kloppen van bijzondere gebouwen en complexe opgaves. Of het nu bestaand vastgoed is of nieuwbouw.

Met onze visie en ontwerpkracht dragen we vanaf het eerste moment bij aan een ontwerp. Vanuit het oogpunt van duurzaamheid, technische haalbaarheid en maakbaarheid kijken we hoe het nog beter kan. Duurzamer, slanker en efficiënter. We maken een inspirerende omgeving die mensen verrast en zorgt voor een comfortabel, veilig en aangenaam gevoel. Onze technische kennis is van topniveau en we gebruiken state of the art methodieken en middelen.

Meer weten over onze rol in dit project? Kijk op www.abt.eu

Vanuit onze rijke ervaring en technische zekerheid steken we graag onze nek uit.
Opdrachtgevers, ontwikkelaars en architecten waarderen onze complete, integrale aanpak. We overzien en anticiperen op de consequenties voor alle disciplines bij ontwerpkeuzes. En belangrijker nog: we puzzelen net zo lang totdat de ambitie van architect en opdrachtgever technisch realiseerbaar of gerealiseerd is. Daarbij kunnen we ook risicodragend in projecten participeren.

ABT is een partner met visie die zorgt dat hoge ambities mogelijk worden.

Masters of print

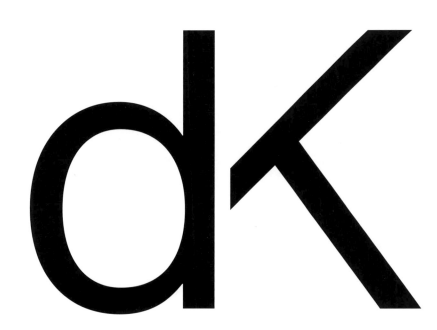

80 YEARS OF EXPERIENCE IN PRINTING

printing.diekeure.be
printing@diekeure.be
@diekeureprinting

die Keure
printing

De Bocht

Cruquiuseiland Amsterdam

De plafonds van de half-inpandige balkons van 'De Bocht' zijn bekleed met Platowood Fraké. Het hout is brandvertragend behandeld. Voor dit project werd een speciaal profiel ontwikkeld: een Platonium 05 met schijnsponning. Dit betekent een bredere plank met de uitstraling van een smalle plank.

" We hebben het hout van Platowood al vaker toegepast. Het is een mooi duurzaam materiaal met een warme uitstraling en past daarom goed bij de duurzame ambities van het gebied."

- Architect Surya Steijlen

Lees meer over dit project op p. 104

Houtsoort: Platowood Fraké
Architect: LEVS architecten

Foto: LEVS architecten

Stories

Buiksloterham Amsterdam

De gevel van het houten appartementengebouw 'Stories' is bekleed met Platowood Vuren. Het hout is zowel afgewerkt met een voorvergrijzer (Weathered Color Stain) als brandvertragend behandeld.

" We kozen voor Platowood Vuren met een voorvergrijzer om te voorkomen dat het hout onder overstekken op een andere manier zou vergrijzen. Brandklasse B was ook een criterium. En omdat het hout achter de vegetatie niet goed te bereiken is, was het belangrijk dat de gevelbekleding onderhoudsarm is."

- Architect Olaf Gipser

Lees meer over dit project op p. 50

Houtsoort: Platowood Vuren met Weathered Color Stain
Architect: Olaf Gipser Architects

Foto: Luuk Kramer

Platowood: 100% circulair en esthetisch hout

Het hout van Platowood biedt oneindig veel mogelijkheden ter versterking van architectuur. Van nature niet-duurzame houtsoorten worden door een uniek proces veredeld, waardoor het hout een levensduur krijgt van 50 jaar en geen afwerking nodig heeft.

platowood.nl
088 60 500 60

PLATOWOOD®

HOUT VAN ARCHITECTEN

Nationaal Holocaust Namenmonument

De holocaust is een blijvend belangrijk thema, waarvan - ook vandaag de dag - de relevantie nog altijd voel- en zichtbaar is. Het Nationaal Holocaust Namenmonument in Amsterdam helpt ons het thema levend te houden en stil te staan bij het leed dat is en wordt geleden.

Met het Nationaal Holocaust Namenmonument in Amsterdam geven we de 102.000 Joden, Roma en Sinti die tijdens de Tweede Wereldoorlog het leven lieten, maar geen graf kregen, een naam. Het is een aantal waar wij stil van worden. Een aantal dat pas écht zichtbaar wordt als je al die namen ziet.

De stenen zijn met uiterste precisie en toewijding ontwikkeld om een plek van bezinning en reflectie te kunnen realiseren. Rodruza is zeer vereerd een bijdrage te hebben mogen leveren aan dit omvangrijke project. We zijn ons sterk bewust van het belang van een plek om te kunnen herdenken.

De stenen met de namen verbinden de architectuur met de slachtoffers, met hen die we nooit mogen vergeten. Het Nationaal Holocaust Namenmonument is een buitengewoon indrukwekkende plek geworden en zeker de moeite waard eens te bezoeken.

'In herinnering aan de

102.000

Joden, Roma en Sinti.'

BEZOEK HET NATIONAAL HOLOCAUST NAMENMONUMENT...

p.66 lees meer over het Nationaal Holocaust Namenmonument →

HET NATIONAAL HOLOCAUST NAMENMONUMENT

Op initiatief van het Nederlands Auschwitz Comité en naar ontwerp van Daniel Libeskind heeft KONINKLIJKE WOUDENBERG als bouwteampartner samen met diverse kundige partners een mooie rol mogen vervullen in de maakbaarheid van het monument. Van bouwteam naar de uiteindelijke realisatie en tot slot de opening door de koning van zo'n bijzonder monument maakt ons trots! Wij bedanken iedereen voor de prettige samenwerking.

Koninklijke Woudenberg
Voorstraat 7, 4233EA Ameide
088 - 355 96 00
www.koninklijkewoudenberg.nl

Houdt historie levend!

KONINKLIJKE WOUDENBERG
HOUDT HISTORIE LEVEND!

Architectuur in Nederland

Architecture in the Netherlands

Jaarboek

Yearbook

2021 | 2022

Redactie

Teun van den Ende
Uri Gilad
Arna Mačkić

Editors

naioio uitgevers

naioio publishers

Essays

Projecten | Projects

Omslagfoto's Cover photos
Karin Borghouts, Happel Cornelisse Verhoeven, Tijdelijke huisvesting Eerste Kamer en Raad van State, Den Haag/Temporary housing of the Senate and Council of State, The Hague

Deze uitgave wordt mede gefinancierd door advertenties van de volgende bedrijven
This publication was partly financed through advertisements from the following companies

Jansen AG (omslag/cover)
abt (1)
die Keure, Brugge/Bruges (2)
dGmR (3)
Platowood (4)
Rodruza (5)
Trespa (6)
Aldowa (7)
Woudenberg (8)
Zonneveld (155)
HD Group (156)
Pleijsier (157)
Tielemans (158)
Nieuwe instituut (159)
Stimuleringsfonds (160)
Reynaers (omslag/cover)

Time to talk

Teun van den Ende, Uri Gilad, Arna Mačkić

Sinds het begin van de twintigste eeuw is de bouwpraktijk niet eerder zo ingrijpend gewijzigd als in de laatste jaren. Bouwen in hout wordt langzaam *mainstream*, opdrachtgevers en gemeenten zetten steeds vaker architectuur in om maatschappelijke problemen aan te pakken en architecten geven met hun vakmanschap betekenis aan de leefomgeving. Hoewel wij als redactie in veel van de voor dit jaarboek ingezonden projecten een hoge architectonische ambitie herkennen, realiseren we ons tegelijkertijd dat ze geen weerspiegeling vormen van de huidige bouwpraktijk.

De bouw stagneert door het gebrek aan bouwlocaties, de stikstofregels en de torenhoge materiaal- en arbeidskosten. Bij veel projecten in dit jaarboek speelden deze belemmeringen geen rol. Wel tekent zich inmiddels in de architectuurpraktijk een koerswijziging af. Vooruitstrevende vakgenoten proberen daarbij het bouwproces te hervormen. Ontwerpen en bouwen voor prefabricatie is populair, niet alleen omdat het de bouwtijd verkort, maar ook omdat het de architect meer controle oplevert: ontwerptekeningen 'verdwijnen' niet in digitale modellen maar gaan rechtstreeks naar de fabriek. Dit biedt tegelijk kansen voor een schonere en minder milieubelastende manier van bouwen, bijvoorbeeld met constructies in hout.

Betekent prefabricatie een verlies aan ambachtelijkheid? Zolang standaardisatie niet tot doel wordt verheven niet. Het viel ons op dat vakmanschap zich in de ingezonden projecten vooral toont in herdenkingsplekken en renovatieopgaven. Het is bemoedigend om te zien dat architecten door hun werk betekenis weten te geven aan de omgeving en de cultuurhistorie als inspiratiebron benutten.

Aan die sensitiviteit ontbreekt het in veel grote woningbouwprojecten, waarvan de kwaliteiten vooral op stedenbouwkundige schaal liggen. Die kwaliteit komt bijvoorbeeld tot uitdrukking op Strijp-S in Eindhoven, waar de variatie in architectuur leidt tot een samenhangende stedelijkheid zonder gekunsteld aan te voelen. Dat subtiele evenwicht missen we bij veel andere binnenstedelijke projecten met een hoge dichtheid. Hoewel zeer geslaagd op stedenbouwkundige schaal, geldt dat helaas ook voor Little C in Rotterdam: de industriële bakstenen architectuur onttrekt zich eerder aan de omgeving dan dat die eraan refereert.

Opdrachtgevers herkennen het vermogen van architectuur om een verschil te maken. De randvoorwaarden voor de uitvoering zijn echter zo ongunstig, dat weinig ontwerpen in hun oorspronkelijke ideeën de eindstreep halen. In de scholenbouw bijvoorbeeld leidt dat tot ernstig kwaliteitsverlies, wat in gebouwen maar ook in de buitenruimte eromheen tot uitdrukking komt. De architecten van de vier scholen in dit jaarboek hebben zich dan ook tot het uiterste ingespannen om de gebruikers te overtuigen. Het is fantastisch om te zien dat zowel schooldirecties, kinderen en ouders hun scholen nu trots in gebruik hebben genomen.

Hoe anders verliepen de opdrachten voor de tijdelijke make-overs van overheidsgebouwen voor de Eerste en Tweede Kamer. De architecten werden in het ontwerpproces beperkt door hun opdrachtgever, het Rijksvastgoedbedrijf, dat strenge

Time to talk

Teun van den Ende, Uri Gilad, Arna Mačkić

Never, since the beginning of the twentieth century, has building practice undergone such far-reaching change as in the last few years. Construction in wood has gradually become mainstream, clients and local councils are increasingly enlisting architecture in tackling social problems and architects are using their craftsmanship to give meaning to the living environment. Although we as editors noticed a high level of realized ambition in many of the projects submitted for this yearbook, we are also aware that this does not reflect the reality of current building practice.

Construction is stagnating owing to a lack of new building locations, the nitrate pollution regulations, and the spiralling cost of materials and labour. Many of the projects in this yearbook predate the effects of these impediments. However, there is now a discernible change of direction taking place in architectural practice, which is seeing progressive colleagues endeavouring to reform the building process. Designing for prefab construction is popular, not just because it shortens the construction time, but also because it gives the architect more overall control: instead of 'disappearing' into a digital model, the design drawings go straight to the factory. And when wood construction is involved, it also offers the possibility of a cleaner and less environmentally damaging way of building.

Does prefabrication mean a loss of craftsmanship? Not unless standardization is the goal. We noticed that among the submitted projects craftsmanship was especially evident in commemorative sites and renovation projects. It is encouraging to see that architects are managing through their work to invest the built environment with meaning and are turning to cultural history as a source of inspiration.

This sensitivity is often lacking in large housing projects where the positive qualities are chiefly to be found at the urban design level. It is, however, present in the redevelopment of Strijp-S in Eindhoven, where the variation in architecture has been melded into a coherent urbanity without feeling in the least contrived. We missed that subtle balance in many other high-density city centre projects. Despite its undoubted success at an urban design level, that is also true of Little C in Rotterdam: the industrial brick architecture ignores its surroundings rather than referring to them.

Although clients acknowledge architecture's ability to make a difference, the conditions for implementation are so unfavourable that few designs reach the finishing line with their original ideas intact. In school construction this results in a serious decline in quality, which is reflected not just in the buildings but also in the surrounding outdoor space. The architects of four schools featured in this yearbook therefore did their utmost to persuade the users to stay the course. It is heartening to see the pride and enthusiasm with which the school boards, children and parents have now taken possession of their schools.

Contrast this with the design briefs for the temporary makeovers of government buildings for the Senate and House of Representatives. The architects were constrained in the design process by the stringent security requirements imposed by their client, the Central Government Real Estate Agency (Rijksvastgoedbedrijf). They were given little opportunity to design the

veiligheidsvoorwaarden stelde. Ze kregen nauwelijks kans aan het huis van de democratie te ontwerpen, terwijl dit politieke bouwwerk wankelt onder invloed van de toeslagenaffaire en gebrek aan transparantie. Door de ontwerpopgave van de Eerste Kamer als decorbouw te benaderen, is het Happel Cornelisse Verhoeven Architecten wel gelukt te experimenteren met materialen en opstellingen die in een permanente situatie niet geaccepteerd zouden zijn.

Desondanks is het politiek draagvlak voor ontwerpkracht gering, wellicht onder invloed van het debacle rondom de renovatie van het Binnenhof. Hoe anders was dat 35 jaar geleden toen het eerste jaarboek *Architectuur in Nederland* verscheen. De architectuurcultuur had in Nederland volop de wind mee. Het nationaal architectuurbeleid getuigde van visie en de vakwereld van opdrachtgevers en architecten was vol optimisme. De jonge Superdutch-generatie reisde met beurzen de wereld over en deed internationaal (bouw)ervaring op. In tijdschriften, boeken en debatten werd de kwaliteit van hun ontwerpen met scherpe pen en tong becommentarieerd. Jonge bureaus profiteerden van het architectuurklimaat en verwierven bekendheid met hun werk, terwijl ze eigenlijk nog maar net begonnen waren.

Die rijke architectuurcultuur is na de economische en bouwcrisis van pakweg tien jaar geleden drastisch verschraald. De architect opereert in een heel ander krachtenveld en is een speelbal van belangen geworden. Zijn positie in het bouwproces is ingeperkt, waardoor hij genoodzaakt is andere keuzes te maken, (te) vaak op basis van financiële haalbaarheid. De autonomie van de ontwerper is erdoor onder druk komen te staan, wat invloed heeft op het resultaat. Een klein aantal uitzonderlijke projecten ontstijgt de status quo. In bijna al die gevallen zijn daar ontwikkelaars bij betrokken die echt ambitie tonen. Dat is ook in hun eigen voordeel, realiseren zij zich, omdat zij kennis opdoen op het gebied van duurzaamheid, doelgroepen en sociaal-maatschappelijke kwesties.

Toch zien we dat traditionele manier van bouwen nog veelal de voorkeur geniet. Het ambitieniveau schiet tekort om maatschappelijke en ecologische uitdagingen het hoofd te bieden. Ook als redactie hebben wij geen pasklare antwoorden op de dilemma's waar de architect voor staat, daarom grijpen we deze 35ste editie van het jaarboek aan om in gesprek te gaan. Daarvan getuigen vier artikelen waarin we vakgenoten vroegen licht te werpen op uiteenlopende onderwerpen die wij destilleerden uit de ruim 180 ingezonden projecten. In die gesprekken gingen we in op succesvolle projecten – uitzonderlijke prestaties verdienen dat – zonder de problematische kanten van de huidige bouw(opgaven) uit de weg gaan.

Vaak rees de vraag of de architect nog een verschil kan maken, aangezien zijn macht beperkt is. In de weerbarstige praktijk zijn uitzonderlijk vakmanschap, kennis van zaken, of simpelweg volharding en overtuigingskracht nodig. Van welk van deze eigenschappen bedienen architecten zich en wat levert dat op? En hoe kunnen opdrachtgevers, beleidsmakers, ontwikkelaars, aannemers en bewoners samen het verschil helpen maken? Als er al een conclusie uit de gesprekken naar voren kwam, dan is het wel dat architecten deze 'mogelijkmakers' hard nodig hebben, vandaar ook: *Time to talk*.

Waarom de nadruk op het gesprek? De herbezinning op ontwerpen en bouwen begint bij het voeren van gesprekken. Niet louter theoretische bespiegelingen, maar ook over wat erbij komt kijken om een ontwerp te realiseren. Het jaarboek *Architectuur in Nederland* is voor ons dan ook geen top-30 van de 'beste gebouwde projecten', maar gaat over de projecten die het gesprek kunnen aanjagen. Wij hopen hier met deze editie aan bij te dragen.

home of democracy, even though this political edifice is teetering under the fallout from various bureaucratic bungles and a lack of transparency. By approaching the design brief for the Senate as an exercise in set design, Happel Cornelisse Verhoeven Architecten did manage to experiment with materials and arrangements that would not be accepted in a permanent situation.

Nevertheless, political support for design is minimal, possibly as a result of the debacle around the renovation of the Binnenhof. How different things were 35 years ago when the first *Architecture in the Netherlands* yearbook appeared. Back then Dutch architectural culture was riding high. The national architecture policy demonstrated vision and the professional world of clients and architects was brimming with optimism. Government grants enabled the young Superdutch generation to travel the world and acquire international experience. The quality of their designs was subjected to incisive commentary in magazines, books and debates. Young practices profited from this vibrant architectural climate and garnered fame with their work, even though they had only just started out.

That rich architectural culture declined drastically in the wake of the economic and construction crises of ten or so years ago. Today's architects operate in a very different field of influences and have become the pawn of competing interests. Their position in the building process has been curtailed, forcing them to make different choices, (too) often on the basis of financial feasibility. This has threatened the designer's autonomy, which in turn impacts the end result. A small number of exceptional projects rise above the status quo. In almost all such cases, the developers involved exhibit genuine ambition. They are also well aware that it is to their own advantage, because it enables them to acquire know-how with respect to sustainability, target groups and social issues.

Despite this, traditional building practices still tend to prevail. The level of ambition is not sufficient to meet current social and ecological challenges. Nor do we as editors have any ready-made solutions to the dilemmas confronting architects today, which is why we have used this 35th edition to start a conversation. It takes the form of four articles in which we ask colleagues for their views on a range of topics gleaned from the over 180 projects submitted for this yearbook. We discussed successful projects – exceptional achievements deserve that – but without losing sight of the problematical aspects of today's construction tasks.

One recurrent question was whether architects can still make a difference, given their limited power. Exceptional craftsmanship, expertise, or simple tenacity are what are needed. Which of these characteristics do architects draw on and what, if any, effect does that have? And how can clients, policymakers, developers, contractors and residents together help to make a difference? If any conclusion emerged from these conversations, it is that architects are in urgent need of these 'enablers', hence: Time to talk.

Why the emphasis on talking? The reconsideration of design and construction begins with conversation. Not merely theoretical speculation, but also the nitty gritty of what is involved in getting a design built. In our view, the *Architecture in the Netherlands* yearbook should not be a top 30 of the 'best built projects', but a showcase for projects that stimulate the dialogue. We hope to contribute to that with this edition.

Tussen vieren en bekritiseren

Vijfendertig jaar Nederlandse architectuurcultuur

Teun van den Ende

Poised between celebration and critique

Thirty-five years of Dutch architectural culture

Hans van Dijk in zijn werkkamer, 2021
Hans van Dijk in his study, 2021
Foto/Photo: Johannes Schwartz

De architectuurcultuur is al vijfendertig jaar het onderwerp van het jaarboek *Architectuur in Nederland*. Behalve als een plek voor kritiek staat het boek vooral bekend als viering van de architectuur. Ook al bevindt het vakgebied zich in zwaar weer, 'in Jaarboekland schijnt nog steeds de zon', schreef redactielid Anne Luijten ten tijde van de economische crisis in 2010, refererend aan de strakblauwe luchten waaronder de gebouwen in het jaarboek waren gefotografeerd.[1]

Het spanningsveld tussen vieren en bekritiseren kenmerkt niet alleen de jaarboeken, maar de hele Nederlandse architectuurcultuur. Met tegenstrijdige meningen is op zich niets mis, maar ze kunnen wel leiden tot misvattingen over de rol die architectuur in de maatschappij heeft. Dat het moeilijk is die twee houdingen te verenigen, is ook de ervaring van de voormalige redactieleden die ik voor dit essay interviewde. Ik vroeg hen om een terugblik op hun tijd in de redactie en ook naar hun kijk op de huidige architectuurcultuur.

Behoefte aan documentatie

Als eerste spreek ik met Hans Ibelings, auteur van vele overzichtswerken, monografieën, essays en artikelen over Nederlandse architectuur. Het gaat kort over architectuurcriticus Hans van Dijk, die op 26 augustus 2021 overleed. Te kort, realiseer ik me later. Want Van Dijks rol als beschouwer en gangmaker van het debat is niet te onderschatten. In de jaren 1980 was hij hoofdredacteur van het tijdschrift *Wonen-TA/BK*, erna van *Archis*. Dat deed hij vol overgave, weet Ibelings, die als jaarboekredacteur vanaf 1993 in de voetsporen van Van Dijk zou treden: 'Architectuurkritiek was voor Hans geen omslachtige open sollicitatie naar een ander soort baan maar het doel en de bestemming', schrijft Ibelings in zijn in memoriam van Van Dijk.[2]

In de Nederlandse architectuur ontstaat in de jaren 1980 gaandeweg een nieuw cultureel elan en er komt meer aandacht voor de theoretische dimensie van de architectuur.[3] In 1988 stelt Van Dijk samen met Ruud Brouwers, verbonden aan de Stichting Wonen, de eerste editie van het jaarboek *Architectuur in Nederland* samen.[4] Hoe moet het jaarboek in die context begrepen worden? Ibelings: 'In zijn meest nederige vorm als documentatie van wat er in het afgelopen jaar is gebouwd.' Dat klinkt logisch, indertijd was er nog geen overzicht van nieuwgebouwde architectuur op landelijke schaal. Maar het jaarboek was hiernaast een manier om de culturele betekenis van architectuur te onderstrepen. Dat moest in korte essays tot uitdrukking komen en in een overzicht van architectuurmanifestaties, -boeken, -tentoonstellingen en andere belangwekkende gebeurtenissen.

Publieke belangstelling

Die boeken en evenementen bestaan bij de gratie van wat er gepland en gebouwd wordt, en dat is tussen 1980 en 1990 niet gering: jaarlijks worden gemiddeld ruim 100.000 nieuwe woningen gebouwd.[5] Maar wellicht belangrijker voor de architectuurcultuur zijn publieke gebouwen als ministeries, stadhuizen, rechtbanken, trein- en busstations, theaters, bibliotheken, gevangenissen en kantoren voor overheidsdiensten zoals de Belastingdienst. Overal in het land zien Nederlanders nieuwe architectuur verrijzen, wat de interesse in het ontwerpen opstookt.

Niet alleen gerealiseerd werk, ook planvorming prikkelde de verbeelding. Zoals in de manifestatie Architecture International Rotterdam in 1982 over de herontwikkeling van de Kop van Zuid, waaraan architect en theoreticus Aldo Rossi deelnam. In 1983 trok zowel de tentoonstelling '100 jaar architectuur in en om Amsterdam' als de 'Biënnale jonge Nederlandse Architecten' veel bezoekers.[6]

In een reeks tentoonstellingen bij de Stichting Wonen in Amsterdam documenteerde Van Dijk met Ruud Brouwers

---

For the past thirty-five years architectural culture has been the focus of the *Architecture in the Netherlands* yearbook. As well as a place for criticism, the publication is best known as a celebration of architecture. Even when the discipline hits hard times, 'the sun's always shining in Yearbook Land', as editor Anne Luijten wrote during a period of economic crisis back in 2010, referring to the clear blue skies against which the buildings selected for the yearbook were photographed.[1]

That tension between celebration and critique characterizes not just the yearbooks, but the entire Dutch architectural culture. There is nothing wrong with contradictory opinions per se, but they are liable to lead to misconceptions about architecture's role in society. The difficulty of reconciling those two positions was also experienced by the former yearbook editors I interviewed for this essay. I asked them to look back on their time as editors and also for their views on architectural culture today.

Need for documentation

I began with Hans Ibelings, a prolific author of general works, monographs, essays and articles on Dutch architecture. We touched briefly on the architecture critic Hans van Dijk, who died on 26 August 2021. Too briefly, I realized later. Because Van Dijk's role as exponent and leader of the debate should not be underestimated. In the 1980s he was editor-in-chief of the *Wonen-TA/BK* magazine and subsequently of *Archis*. He threw himself enthusiastically into those roles as Ibelings, a frequent contributor to *Archis* and a Yearbook editor from 1993 to 2000 is in a position to know. 'For Hans, architectural criticism was no long-winded unsolicited application for a different kind of job, but the goal and the vocation,' Ibelings wrote in his obituary of Van Dijk.[2]

During the 1980s, Dutch architecture gradually acquired a new cultural vigour and there was growing interest in the theoretical dimension of architecture.[3] In 1988, Van Dijk and Ruud Brouwers, of Stichting Wonen, together compiled the first edition of the

Architecture in the Netherlands yearbook.[4] How should the yearbook be understood in that context? According to Ibelings: 'In its simplest form, as a documentation of what has been built in the previous year.' That makes sense, given that at the time there was no overview of recently built architecture on a national scale. But the yearbook was also a way of underscoring architecture's cultural significance. This took the form of short essays and an overview of the past year's architectural activities, books, exhibitions and other notable events.

Public interest

Such books and events exist by virtue of what has been planned and built, and between 1980 and 1990 that was not insignificant: an average of 100,000 dwellings a year were realized.[5] But perhaps more important for architectural culture are public buildings like ministries, town halls, law courts, train and bus stations, theatres, libraries, prisons and offices for government agencies like the Taxation Office. Across the country, Dutch citizens witnessed new architecture rising out of the ground and this, too, helped to spark interest in their design.

Nor was public interest confined to built work; even the planning process captured people's imagination. As in the 1982 Architecture International Rotterdam event devoted to the redevelopment of the Kop van Zuid docklands, in which the architect and theoretician Aldo Rossi took part. A year later two events, the '100 years of architecture in and around Amsterdam' exhibition and the 'Biennale of young Dutch Architects' drew crowds of visitors.[6]

In a series of exhibitions held at Stichting Wonen in Amsterdam between 1984 and 1986, Van Dijk and Brouwers documented the annual crop of new architecture. Writing in the newspaper accompanying the first exhibition, Van Dijk alerted readers to a problem: 'When terms like art and culture are bandied about one usually thinks of paintings, sculpture, music, literature

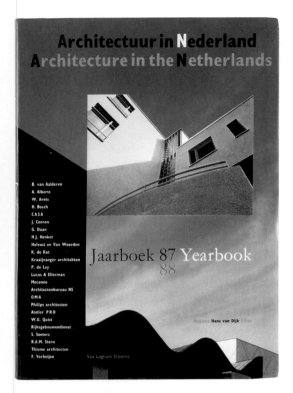

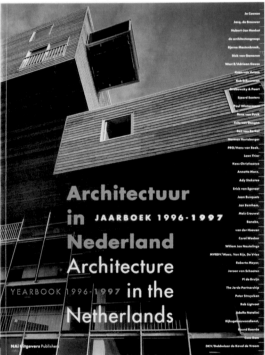

tussen 1984 en 1986 de jaarlijkse architectuuroogst. In de eerste editie signaleerde Van Dijk in de begeleidende krant een probleem: 'Als de termen kunst en cultuur vallen dan wordt meestal gedacht aan schilderijen, beelden, muziek, literatuur of aan theater. Zijn dit zaken die naar believen genoten kunnen worden, met architectuur en stedenbouw heeft iedereen onvermijdelijk te maken, zelfs tegen wil en dank. Desalniettemin wordt aan architectuur vaak achteloos voorbijgegaan.'[7]

De culturele dimensie van het vak had de aandacht van het 'cultuurministerie' van Welzijn, Volksgezondheid en Cultuur (WVC), dat met het 'bouwministerie' Volkshuisvesting, Ruimtelijke Ordening en Milieubeheer (VROM) een landelijk architectuurbeleid vormgaf. Door te bouwen, te beschouwen en beleid te maken, moest de culturele waarde van architectuur voor het voetlicht komen. Maar om nieuwe steden en gebouwen tot de verbeelding te laten spreken, moesten architecten en opdrachtgevers gestimuleerd worden, stelde Van Dijk.

Politiek en globalisering

PvdA-politicus Adri Duivesteijn bood als wethouder in Den Haag (1980–1989) die stimulans als bedenker van het concept van een nieuw stadhuis annex bibliotheek in het stadscentrum. De opdracht ging naar Richard Meier, maar het ontwerp van Koolhaas/OMA kreeg veel erkenning in de vakwereld. Duivesteijn, hoewel openlijk voorstander van Meiers ontwerp, was ook onder de indruk: 'Zijn referentie is het Rockefeller Plaza in New York, compleet met ijsbaan, verdiept plein en helemaal gericht op het cultureel en recreatief laten functioneren van de stad.'[8]

Rem Koolhaas was de verpersoonlijking van de vervagende grenzen van de architectuurcultuur. Met zijn interesse in de werking van moderne metropolen schudde Koolhaas de Nederlandse vakwereld op en bereikte hij een veel breder publiek: '[1985] was het jaar van Rem Koolhaas, eindelijk is hij op een aantal plaatsen in Nederland bouwend aan de slag, daarbij

or the theatre. While people can enjoy these things at their own discretion, everyone is confronted with architecture and urban design, whether they want to be or not. Yet people are often blissfully unaware of architecture.'[7]

The cultural aspect of the discipline did, however, attract the attention of the 'cultural ministry' (WVC, Welfare, Health and Culture) which, together with the 'construction ministry' (VROM, Housing, Spatial Planning and Environment), formulated a national architectural policy. The cultural value of architecture was to be brought to the public's attention through construction, critical evaluation and policy making. But, according to Van Dijk, in order to ensure that new cities and buildings appealed to the imagination, it was first necessary to stimulate architects and clients.

Politics and globalization

Adri Duivesteijn, PvdA (Labour) politician and alderman in The Hague (1980–1989) provided that stimulus when he came up with the concept of a new city hall-cum-library in the city centre. The commission went to the American architect Richard Meier, but the design by Koolhaas/OMA garnered a lot of plaudits from the architectural world. Duivesteijn, although an open supporter of Meier's design, was impressed as well: 'His reference is Rockefeller Plaza in New York, complete with skating rink, sunken square and a focus on facilitating the cultural and recreational functioning of the city.'[8]

Rem Koolhaas was the personification of the increasingly blurred boundaries of architectural culture. With his interest in how the modern metropolis functioned, Koolhaas shook up the Dutch professional world and reached a far wider public: '[1985] was the year of Rem Koolhaas; he was finally building in several locations in the Netherlands, resulting in interviews on television and in the press, and was honoured with the Rotterdam-Maaskant Prize, worth 50,000 guilders.'[9]

geïnterviewd voor de tv en in de weekbladen en geëerd met de Rotterdam-Maaskantprijs, zijnde 50.000 gulden.'[9]

De media lieten regelmatig architecten, architectuurcritici en gezaghebbende politici als Duivesteijn over plannen en visies aan het woord. Naast het Haagse stadhuis trok het naburige Nederlands Dans Theater, ontworpen door Koolhaas, bij de oplevering in 1987 veel aandacht. Een jaar later barstte de strijd los wie het Nederlands Architectuurinstituut (NAi) mocht ontwerpen, waarvan Duivesteijn in 1989 de eerste directeur zou worden. Maar het publiek nam ook deel aan de besluitvorming over het ontwerp van het NAi: de vijf maquettes van het ontwerp werden in Museum Boymans-van Beuningen tentoongesteld, Jo Coenens ontwerp was met bijna 35 procent van de

stemmen de publieksfavoriet. Rondom de selectie speelde zich een levendig debat af waarin – opnieuw – Koolhaas' ontwerp hoge ogen scoorde.[10] Dankzij alle (internationale) aandacht voor de cultuur van het ontwerpen en bouwen verwierf de Nederlandse architectuur naam en faam.

Commerciële verstrengeling

Als NAi-directeur krijgt Duivesteijn de kans de publieke belangstelling voor architectuur verder te stimuleren. Dat vraagt iets anders dan het organiseren van prijsvragen voor prestigieuze gebouwen. Het instituut richt een uitgeverij op die het discours moet voeden, het jaarboek *Architectuur in*

The media regularly invited architects, architecture critics and influential politicians like Duivesteijn to talk about plans and views. As well as The Hague's city hall, the neighbouring Nederlands Dans Theater, designed by Koolhaas, came in for a lot of attention upon its completion in 1987. A year later, a battle erupted over who should design the Netherlands Architecture Institute (NAi), of which Duivesteijn would become the first director in 1989. But the public also had a say in the choice of its design: models of the five designs went on display in Museum Boymans-van Beuningen and Jo Coenen's design emerged the popular choice with almost 35 per cent of the votes. The selection was the subject of a lively debate in which – once again – Koolhaas's design was highly rated.[10] Thanks to all the national and international interest in the culture of designing and building, Dutch architecture was making quite a name for itself.

Commercial entanglements

As director of the NAi, Duivesteijn had an opportunity to further stimulate public interest in architecture. But this called for something more than organizing design competitions for prestigious buildings. The institute duly established a publishing house that would nurture discourse; the *Architecture in the Netherlands* yearbook became part of that endeavour from its fourth edition in 1991.

The allocation of more space to critical essays had already started in the second and third editions. The editorial team, augmented with Bernard Colenbrander and Lily Hermans, examined

Het Nederlands Architectuur-instituut in Rotterdam kort voor de opening in 1993

The Netherlands Architecture Institute in Rotterdam shortly before its opening in 1993
Foto/Photo: Jannes Linders,

the conditions under which architectural commissions came about. In his essay in the 1989–1990 yearbook, Colenbrander dwelt on the large number of foreign architects building in the Netherlands. He ascribed it to the 'banal phenomenon' of 'star appeal', which supposedly lent clients a 'special cachet' and a 'suggestion of cosmopolitanism'. Duivesteijn, according to Colenbrander, led the way in this, thereby animating 'his colleagues from Groningen to Maastricht'.[11] In the same edition, essayists Arthur Wortmann and Dirk Baalman laid bare the commercial motivations at play in architecture. Baalman, an architecture historian, noted that commercial players were appropriating heritage buildings and cityscapes, which then served purely 'as decor, as a background in a primarily recreative atmosphere'.[12]

The insertion of critical reflections in between the descriptions and pictures of the chosen projects from the previous architecture year presented readers with a dilemma: were the editors pleased or disappointed with the current state of architecture? Construction was booming, thanks in part to huge public government commissions. But that upbeat narrative was undermined by the base impulses fuelling the commissions: from a status-obsessed penchant for starchitects to serving the entertainment industry.

Nederland wordt daar vanaf de vierde editie in 1991 onderdeel van.

Al in de tweede en derde editie van het jaarboek is er meer ruimte voor kritische essayistiek. De redactie, die naast Van Dijk en Ruud Brouwers uitgebreid is met Bernard Colenbrander en Lily Hermans, gaat in op de condities waaronder architectuuropdrachten tot stand komen. Colenbrander staat in zijn essay in het jaarboek van 1989–1990 stil bij het grote aantal buitenlandse architecten dat in Nederland bouwt. Als verklaring geeft hij het 'platvloerse fenomeen' van 'star-appeal', dat opdrachtgevers een 'speciaal cachet' en een 'kosmopolitische suggestie' zou verlenen. Duivesteijn gaat hierin volgens Colenbrander voorop, waarmee hij 'collega-opdrachtgevers van Groningen tot Maastricht beroert'.[11] Essayisten Arthur Wortmann en Dirk Baalman leggen in dezelfde jaargang de commerciële motieven in de architectuur bloot. Architectuurhistoricus Baalman signaleert dat commerciële partijen zich monumenten en stadsgezichten toe-eigenen, die daardoor nog slechts functioneren 'als decor, als achtergrond in een voornamelijk recreatieve sfeer'.[12]

De presentatie van kritische beschouwingen tussen de teksten en beelden van de succesnummers van het afgelopen architectuurjaar stelt de lezer voor een dilemma: is de redactie nou verheugd of teleurgesteld over de huidige staat van de architectuur? De bouw draait op volle toeren, mede vanwege grote publieke overheidsopdrachten. Maar die mooiweershow wordt ondergraven door de platte manier waarop opdrachten tot stand komen: van een statusbeluste hang naar *starchitects* tot het dienen van de vermaaksindustrie.

Door de architectuurcultuur van haar prestige te ontdoen, vragen de jaarboek-essayisten aandacht voor de benarde positie van de architectuur. Tegelijk pronken de gebouwen steevast 'onder blauwe luchten' alsof er niets aan de hand is. De architect is een Jekyll-en-Hyde-personage, waarvan je je afvraagt welke motieven hem drijven. Hoe wankel dit samen-

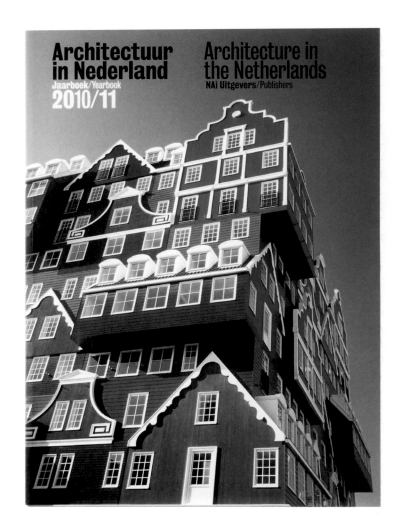

Architectuur in Nederland 2008/09
Architecture in the Netherlands 2008/09

By stripping architectural culture of its prestige, yearbook essayists drew attention to architecture's precarious position. But at the same time, the chosen buildings continued to be displayed 'beneath clear blue skies' as if nothing was amiss. The architect was a Jekyll and Hyde figure whose motives were always suspect. However unstable this interplay between clients, designers and publicists, it proved strong enough to sustain the Superdutch generation.

The visual culture of the Nineties

The popularity of Superdutch architecture coincided with the emergence of a broader and even more dominant visual culture. That, according to Ibelings, was part of a longer process of dawning cultural awareness: 'Paper architecture was already being bought and sold in the 1970s. Think of the drawings by the New York Five, Aldo Rossi, and the early work of Koolhaas. But also someone like Wiel Arets, armed with a clear idea about how to represent his work, was quick off the mark.'

That architectural culture was increasingly expressing itself in images, is also the conclusion drawn by architecture historian Sergio M. Figueiredo in a recent analysis of the yearbooks published between 1990 and 2000.[13] Over the course of these ten editions the focus shifted from critical essays to images. He also notes that grand formal gestures appeared to be gaining importance and that the cover photo was often shot from 'heroic' angles. Ibelings does not think this means that the architecture lacked substance: 'I always greatly admired the evident ingenuity of the architecture. The conceptual approach to designing plays a crucial role in that, in my view, more so than the image alone.'

Meanwhile, general works and monographs of Dutch architectural practices were selling like hot cakes, including Ibelings' *Supermodernism. Architecture in the Age of Globalization* (1998) and Bart Lootsma's *Superdutch. New Architecture in the Netherlands* (2000).[14] What's more, architectural culture was also

developing an online presence. With the exception of Archined, founded in 1996, the strong emphasis on image persisted. However, Ibelings thinks that the current spate of online press releases and images on sites like Dezeen provides an incomplete picture of architecture: 'To begin with, the image lacks context. Moreover, the complaint about the visual culture could be extended to the culture of the word, the online version of which is almost entirely controlled by the architects themselves.'

What the public want to see

The dawning of a new century saw no decline in the consumption of architectural culture – until 2008, when the credit crisis put paid to the heady cocktail of commercial motives, starchitect-loving clients and full immersion in visual culture. Samir Bantal, currently director of OMA's research offshoot, AMO, joined the yearbook editorial team in 2009 at which point he was working

spel tussen opdrachtgevers, ontwerpers en publicisten ook mag zijn, het blijkt stevig genoeg om jarenlang dienst te doen als fundament voor de Superdutch-generatie.

De beeldcultuur van de jaren 1990

De populariteit van Superdutch ging samen met het ontstaan van een bredere en steeds dominantere beeldcultuur. Die was volgens Ibelings onderdeel van een langer proces van culturele bewustwording: 'In de jaren 1970 was er al handel in papieren architectuur. Denk aan tekeningen van de New York Five, Aldo Rossi en het vroege werk van Koolhaas. Maar ook iemand als Wiel Arets, met een duidelijk idee over de representatie van zijn werk, was er vroeg bij.'

De architectuurcultuur begon zich meer en meer in beelden uit te drukken, concludeert ook architectuurhistoricus Sergio M. Figueiredo in een recente analyse van de jaarboeken tussen 1990 en 2000.[13] In deze tien edities verschuift het zwaartepunt van kritische essayistiek naar beeld. Hij voegt hieraan toe dat grote formele gebaren aan belang lijken te winnen en dat de foto op het omslag vaak vanuit een spectaculaire hoek is gefotografeerd. Voor Ibelings betekent dit niet dat de architectuur inhoudelijk niets voorstelde: 'De inventiviteit die uit de architectuur spreekt, heb ik altijd enorm gewaardeerd. De conceptuele manier van ontwerpen speelt daarin een fundamentele rol, in mijn optiek sterker dan het beeld alleen.'

Monografieën en overzichtswerken over de architectuur van Nederlandse bureaus vonden ondertussen gretig aftrek, waaronder *Supermodernisme. Architectuur in het tijdperk van de globalisering* (1998) van Ibelings en Bart Lootsma's *Superdutch. De tweede moderniteit van de Nederlandse architectuur* (2000).[14] En de architectuurcultuur manifesteerde zich ook steeds nadrukkelijker online. Met uitzondering van Archined, dat in 1996 werd opgericht, zette de sterke nadruk op beeld door. Volgens Ibelings geeft de huidige stroom aan online persberichten en -beelden op sites als Dezeen echter een incompleet beeld van de architectuur: 'Ten eerste ontbreekt de context bij het beeld. Daarnaast is de klacht over de beeldcultuur uit te breiden naar de woordcultuur, waarover architecten online bijna volledig controle hebben.'

Wat het publiek wil zien

Na de eeuwwisseling blijft de architectuurcultuur gretig geconsumeerd worden. Totdat door de kredietcrisis in 2008 de cocktail van commerciële motieven, *starchitect*-beluste opdrachtgevers en onderdompeling in de beeldcultuur in elkaar stort. Samir Bantal, nu werkzaam bij AMO, de onderzoekstak van OMA, treedt in 2009 toe als redactielid van het jaarboek als hij bij ontwikkelaar Blauwhoed werkt. Het project Villa 1 van Powerhouse Company prijkt dat jaar op het omslag. Om symbolische redenen, licht Bantal toe: 'Het markeerde de afsluiting van een periode waarin een architect met veel tijd, geld en liefde een dure villa, als een soort ideaalbeeld, kon bouwen – terwijl veel andere architecten er noodgedwongen mee stopten.'

Voor Bantal werkten de gevolgen van de crisis als eyeopener voor hoe de bouwpraktijk in elkaar zit. Dat illustreert Bantal met de gestapelde Zaanse huisjes van het Inntel Hotel Zaandam (Wilfried van Winden): 'De binnenkant is behoorlijk uitgekleed dus vroegen wij ons als redactie af: is dit nu waar we naartoe gaan? De opdrachtgever antwoordde dat "dit is wat het publiek wil zien", wat aantoont hoe hoog de druk op architecten opgevoerd werd.'

De financiële crisis laat diepe sporen achter. Het politieke draagvlak verdampt, waardoor het landelijke architectuurbeleid, het sectorinstituut voor architectuur NAi en vele lokale architectuurcentra verdwijnen. Bij de overheid vertrekken veel ontwerpers en dat toont zich in het beleid: van de ambitie van de eerste nota 'Ruimte voor Architectuur. Architectuur

for the Blauwhoed development company. That year the cover featured Powerhouse Company's Villa 1 – for symbolic reasons, as Bantal explains: 'It marked the end of a period when an architect was able to lavish a lot of time, money and love on building a kind of ideal image in the form of a high-end villa – while many other architects were being forced to stop altogether.'

For Bantal the consequences of the crisis acted as an eyeopener into the realities of construction practice. He illustrated this with the stacked Zaan houses of the Inntel Hotel, Zaandam (Wilfried van Winden). Bantal: 'The interior was fairly stark, and prompted us as editors to wonder: is this where we're headed? The client's response was that "this is what the public wants to see", which shows just how great the pressure on architects had become.'

The financial crisis left behind deep scars. Political support for a national architectural policy evaporated, with disastrous consequences for the sectoral institute for architecture, the NAi, and many local architecture centres. There is less and less room for designers in the public service and that is reflected in policy: little remains of the ambitions of the first 'Space for Architecture. Architecture as cultural act' memorandum (1991–1996). By comparison, the most recent Spatial Design Action Agenda strikes a bureaucratic tone and fails to do what it should do: swing into action against the impoverishment of architectural culture.[15]

Lack of status

The cultural vigour has not suddenly returned now that there is once again, for the first time since 2010, a minister for housing and spatial planning. His first task is to make good the lack of policy so painfully exemplified in the decision-making process around Facebook's hyperscale data centre in Zeewolde. Yet large-scale architecture for storage (of data, consumer goods, food, seeds, et cetera) is ubiquitous. According to Bantal, that is both a problem and an opportunity: 'In our research for "Countryside:

The Future" we came up with the idea to store data and art in a single building given that both require the same climatological conditions. That in turn suggests the possibility of opening part of such a building to the public.'[16]

Although 'boxification' has recently become a hot-button national issue, the debate has no architectural dimension.[17] As with Inntel Hotel Zaandam, the architecture of data centres is confined to the facade. Can the same be said of housing, in which the Netherlands boasts such a rich tradition? In the opinion of the developer and former yearbook editor Edwin Oostmeijer, it can, and the result is unimaginative floor plans.[18] Under what conditions does he think that housing architecture could make a difference? 'As long as it continues to put current issues and themes on the agenda. Ten years ago housing production was largely concentrated in suburban development areas, today it is in the middle of the cities. And everyone is looking to wood as a building material.'

Many architects are now addressing social issues by avoiding the use of environmentally unfriendly materials or by championing affordable housing. But in practice their influence is limited: many building materials already have a high carbon footprint before they even reach the building site. And although affordable housing should be achievable, for example via housing cooperatives, such models are of no financial interest to the construction industry. According to Oostmeijer, 'Architecture must continually fight for its significance and value. The day when architects could control everything is long gone.'

Could architects' lack of status be compensated by collaborating more with developers than is now the case? Oostmeijer thinks it could. He cites a series of study trips he organized to the San Francisco area.[19] 'The projects we visited gave rise to a conversation. The result being that after such a shared experience you're more positively disposed to one another, and a tacit cordiality develops.'

als culturele daad' (1991–1996) is weinig over. De laatste Actie-agenda Ruimtelijk Ontwerp (ARO) komt in vergelijking daarmee plichtmatig en ambtelijk over en doet niet wat het zou moeten doen: in actie komen tegen de verschraling van de architectuurcultuur.[15]

Gebrek aan positie

Hoewel er weer een minister voor Volkshuisvesting en Ruimtelijke Ordening (VRO) is, is het cultureel elan niet opeens terug. De minister ziet zich allereerst geconfronteerd met het repareren van het gebrek aan beleid, dat bijvoorbeeld rond de besluitvorming over het *hyperscale* datacenter voor Facebook in Zeewolde pijnlijk tot uitdrukking kwam. Daarin was geen plaats voor een debat over de architectuur van de typologie van de *hyperscale*. Terwijl de grootschalige opslagarchitectuur (van data, consumentenartikelen, voedsel, zaden, et cetera) alomtegenwoordig is. Dat is problematisch, maar biedt ook kansen, volgens Bantal: 'In ons onderzoek "Countryside: The Future" kwamen we op het idee om data en kunst in één gebouw op te slaan, omdat je er dezelfde klimatologische omstandigheden voor nodig hebt. Dat geeft aanleiding een deel van zo'n gebouw voor publiek te openen.'[16]

Er is in de landelijke politiek inmiddels aandacht voor 'verdozing', maar die discussie heeft geen architectonische dimensie.[17] Net als bij het Inntel Hotel Zaandam beperkt de architectuur van datacenters zich tot de gevel. Geldt dat ook voor de woningbouw, waarin Nederland toch een rijke traditie heeft? Ja, vindt ontwikkelaar en voormalig jaarboek-redacteur Edwin Oostmeijer, met saaie plattegronden tot gevolg.[18] Onder welke voorwaarden kan architectuur van woningbouw volgens Oostmeijer een verschil maken? 'Zolang het vragen en thema's van vandaag agendeert. Tien jaar geleden was de productie nog grotendeels in de uitleggebieden, nu is dat binnenstedelijk. En iedereen kijkt naar hout als bouwmateriaal.'

Veel architecten adresseren inmiddels maatschappelijke vragen door het gebruik van schadelijke materialen te vermijden of te strijden voor betaalbare woningen. Maar in de praktijk hebben ze hier echter beperkt invloed op: veel bouwmaterialen hebben al een hoge CO_2-voetafdruk voordat ze op de bouwplaats aankomen. En woningen zouden, bijvoorbeeld in de vorm van woonco\u00f6peraties, betaalbaar kunnen zijn, maar die modellen zijn financieel niet interessant voor de bouwindustrie. Volgens Oostmeijer moet de architectuur de betekenis en waarde steeds opnieuw bevechten: 'De tijd dat architecten alles kunnen bepalen, is voorbij.'

Zou het gebrek aan positie van architecten kunnen worden gecompenseerd door meer samen met ontwikkelaars op te trekken dan nu het geval is? Oostmeijer denkt van wel. Hij haalt als voorbeeld een studiereis aan die hij herhaaldelijk organiseerde naar de regio van San Francisco.[19] 'De projecten die we bezochten vormen aanleiding tot een gesprek. Met als gevolg dat je elkaar na zo'n gedeelde ervaring meer gunt, er ontstaat een onuitgesproken vriendschappelijk gevoel.'

Weer in positie komen

Naast de competitieve en financieel gedreven bouwpraktijk is het gebrek aan cultureel elan en politiek draagvlak reden voor de beperkte zeggingskracht van de architectuur. Hoe zou die cultuur zich weer kunnen manifesteren? De situatie van de jaren 1980 kan hiervoor niet langer als model fungeren, daarvoor is de maatschappij te veel veranderd, maar drie

Bedrijventerrein Agripoort A7 en datacenters Microsoft en Google in Wieringermeer

Agripoort A7 business park and Microsoft and Google data centres in Wieringermeer
Foto/Photo: Aerophoto

componenten eruit zijn wel opnieuw bruikbaar. Ten eerste de architectuurkritiek, ofwel de kritische reflectie op het ontwerpen en bouwen, waaronder het signaleren van de opkomst (of het verdwijnen) van bepaalde typologieën, vorm- en stijlprincipes, bouwmethoden en materiaalgebruik. Ten tweede het realiseren van ruimtelijke plannen die bewoners- en bestuurlijke belangen verenigen, al dan niet ondersteund door architectuur- en ruimtelijk beleid. En ten derde het vermogen van de architectuur om met verbeeldingskracht maatschappelijke problemen als sociale ongelijkheid en de klimaatcrisis aan te kaarten.

Deze drie benaderingen geven de architectuur betekenis. Als ze elkaar versterken dan kan daar een architectuur*cultuur* uit voortkomen. Die cultuur is nu te veel naar binnen gekeerd, waardoor het niet lukt publieke belangstelling te oogsten. 'Het gesprek over architectuur is afgestompt', stelt Saskia van Stein dan ook vast.[20] Sinds oktober 2021 is zij directeur van de Internationale Architectuur Biënnale Rotterdam. De IABR is sinds de oprichting in 2001 een van de brandpunten van de architectuurcultuur, maar in de afgelopen jaren liepen de bezoekersaantallen terug. Architectuurinstellingen als de IABR moeten zichzelf heruitvinden, maar kunnen pas een groter publiek aanspreken als opdrachtgevers en architecten, Hans van Dijk indachtig, nieuwe steden en gebouwen tot de verbeelding laten spreken.

Aanbestedingscultuur

Daarvoor moet de cultuur van opdrachtgeverschap veranderen. Terwijl prijsvragen en meervoudige opdrachten in de jaren 1980 en 1990 nog tot brede aandacht van de media leidden, wordt tegenwoordig het nieuws over plannen bijna alleen nog door vakmedia opgemerkt. Dat is niet gek: opdrachten komen namelijk via Tenderned of andere websites voor aanbestedingen grotendeels buiten de openbaarheid tot stand. De winnaar wordt doorgaans op basis van criteria op bureaucratische wijze vastgesteld, er volgt een jubelend persbericht en daar moet het publiek het mee doen.

De krampachtige wijze waarop de gemeente Rotterdam en het Museum Boijmans Van Beuningen de recente opdracht voor renovatie van het museumgebouw hebben aangepakt, is hier exemplarisch voor. Alle beslissingen nam de projectdirectie in beslotenheid. Sporadisch verscheen er een persbericht, bijvoorbeeld bij de selectie van drie architectenbureaus voor de eindronde. Meekijken met de ontwerpen was onmogelijk en ook de opdracht aan de deelnemende architecten was niet openbaar. Nadat Mecanoo de opdracht verwierf, richtte Francine Houben haar presentatie niet tot het publiek maar tot de gemeenteraad. En het museum? Dat ziet de architectuur als instrument om inkomsten voor de stad binnen te halen, blijkt uit een infographic: 'Meer bezoekers in het museum betekent ook een bestedingsimpuls voor de stad die miljoenen per jaar bedraagt.'[21]

Dat het beheersen van kosten en risico's zelfs bij culturele gebouwen de overhand heeft, kenmerkt de dominantie van de huidige aanbestedingscultuur. Het weerhoudt bewoners en architecten ervan een publiek gesprek te voeren over de waarde van het ontwerp. Er ontstaat een ongemakkelijke situatie waarin opgetogen persberichten en ontwerpstatements olie op het vuur van criticasters gooien. Bij de renovatie van het Boijmans leidde dat al tot een rechtszaak van de Belgische architecten Robbrecht en Daem over de voorgenomen sloop van hun (in 2003 gerealiseerde) museumvleugel. Was dit ook gebeurd als er een openbare discussie over de renovatie was gevoerd?

Tentoonstelling 'World Avenue' in het NAi tijdens de IABR: Mobility, 2003

'World Avenue' exhibition in the NAi during the IABR: Mobility, 2003
Foto/Photo: Christian Richters/IABR

Regaining its standing

Apart from the competitive and financially driven nature of building practice, a lack of cultural vigour and political support is also limiting architecture's expressive power. How might that culture manifest itself? The situation in the 1980s is no longer a viable model – society has changed too much in the interim. But three components of that culture can still be redeployed. Firstly, architectural criticism, or critical reflection on designing and building, including signalling the rise (or disappearance) of certain typologies, formal and stylistic principles, construction methods and material use. Secondly, the realization of spatial plans that encompass residents' and administrators' interests, possibly supported by architectural and spatial policies. And thirdly, architecture's ability to engage the power of the imagination in tackling social issues like social inequality and the climate crisis.

These three approaches give architecture meaning. When they reinforce one another, the result is an architectural *culture*. That culture is currently much too inward-looking, which is why it fails to garner public interest. 'The conversation about architecture has been blunted,' concludes Saskia van Stein.[20] Since October 2021 she has been director of the International Architecture Biennale Rotterdam. Following its establishment in 2001, the IABR became one of the focal points of architectural culture, but recent years have seen a drop-off in visitor numbers. Architecture organizations like the IABR need to reinvent themselves but can only appeal to a wider public if clients and architects build new cities and structures that speak to the imagination as advocated by Hans van Dijk.

Tendering culture

That can only happen if the commissioning culture changes as well. In the 1980s and 1990s open and invited competitions

Om die gesprekken te voeren, zijn behalve verlichte opdrachtgevers en goede architecten ook scherpe architectuurcritici
nodig die een kritische positie innemen zonder de architectuur
als vakgebied te miskennen. De Britse architectuurcriticus
Oliver Wainwright is daar een goed voorbeeld van. Of curator
Beatrice Galilee van het Metropolitan Museum in New York,
auteur van de publicatie *Radical Architecture of the Future*.
Zij stelde in het licht van de Black Lives Matter-beweging
sociale ongelijkheid en het witte privilege waarin de architectuur vastzit aan de orde. Ook heeft ze aandacht voor milieu-
schade door het bouwen, tegelijkertijd positioneert ze de
architectuur als een manier om vooruit te komen en deuren te
openen. Ook in de Nederlandse architectuurcultuur onderstrepen diverse stemmen zowel de problematische kanten als
de kracht van de architectuur. Zij zijn echter nauwelijks in staat
het bredere publiek aan te spreken (het optreden van Floris
Alkemade in *Zomergasten* was daarop een uitzondering).

Om af te rekenen met verworvenheden uit het verleden
en de architectuur opnieuw te positioneren, is een nieuwe
generatie nodig. Het generatieconflict sluimert – hoe kan het
ook anders – op sociale media, bijvoorbeeld op instagram-
account @ministerie_van_vrom. De *memes* gaan over
ongeloofwaardige *renders*, *greenwashing*, de uitwassen van
neoliberaal beleid en de privileges van de (doorgaans manne-
lijke) *boomers*. De achterliggende vraag van de makers is:
waarom zou de jongste generatie architecten klakkeloos de
ontwerpen van gearriveerde architecten ten uitvoer blijven
brengen, terwijl hun eigen kansen op de arbeids- en woningmarkt achteruithollen en de planeet steeds verder opwarmt?

Hoewel deze vraag legitiem is, is de architectuurcultuur
niet gebaat bij het uitvergroten van tegenstellingen. Aan de
andere kant is het vasthouden aan gevestigde belangen ook een
doodlopende weg. Er is een debat nodig waarin de deelnemers

**Screenshot van het Instagram-
account ministerie_van_vrom,
5 januari 2022**

Screenshot of Instagram account
ministerie_van_vrom, 5 January 2022

their museum wing (2003). Would this have happened if there
had been a public discussion about the renovation?

Celebrate and critique

Such conversations require not only enlightened clients and
good architects, but also perceptive architecture critics who adopt
a critical stance without selling the discipline of architecture
short. A good example of this is the British architecture critic
Oliver Wainwright. Or Beatrice Galilee, curator of architecture
and design at the Metropolitan Museum in New York and author
of *Radical Architecture of the Future*. In light of the Black Lives
Matter movement, she highlighted the social inequality and
white privilege in which architecture is entangled. She is also
concerned about the environmental damage caused by construction while simultaneously positioning architecture as a
means of moving forward and opening doors. Various voices in
Dutch architectural culture also stress both the problematic
aspects and the strengths of architecture. But they are scarcely
afforded an opportunity to address a wider public (Floris
Alkemade's TV appearance on *Zomergasten* was a notable
exception).

To put the achievements of the past behind us and reposition
architecture requires a new generation. Generational conflict is
already latent on social media (where else?), for example on the
@Ministerie_van_vrom Instagram account. The memes are about
implausible renderings, greenwashing, the excesses of neoliberal policy and the privileges of (usually male) baby boomers.
The underlying question from the makers is: why should the
youngest generation of architects continue blindly to carry out
the designs of established architects while their own prospects
on the labour and housing market are rapidly deteriorating and
the planet is getting steadily hotter?

Although this is a legitimate question, the architectural debate
is not best served by an amplification of differences. Equally,

could count on plenty of media interest. Nowadays press releases
for new plans are rarely noticed by any but the professional
media. And with good reason: new commissions come about via
tendering websites, largely below the public radar. The winner
is usually chosen bureaucratically, based on certain criteria.
A jubilant press release follows and that's it as far as the public
is concerned.

The tight-lipped way in which the City of Rotterdam and
Museum Boijmans Van Beuningen tackled the recent commission
for the renovation of the museum building, is a case in point.
All decisions were made by the project managers behind closed
doors. There were occasional press releases, as when announcing
the three architectural practices chosen for the final round.
Getting a look at the designs was impossible and even the design
brief handed to the participating architects was not made public.
After Mecanoo was awarded the commission Francine Houben
addressed her presentation not to the public but to the city
council. And the museum? It sees architecture as an instrument
for making money for the city, witness the infographic: 'More
visitors in the museum also means a financial windfall for the
city worth millions a year.'[21]

That the fixation on controlling costs and risks has even
gained the upper hand in the case of cultural buildings, reflects
the dominance of the current tendering culture. It discourages
residents and architects from conducting a public conversation
about the pros and cons of the design, creating an awkward
situation in which rapturous press releases and design state-
ments pour oil on the flames of criticism. In the case of the
Boijmans renovation this led to the Belgian architects Robbrecht
en Daem filing a lawsuit against the proposed demolition of

elkaar verstaan, vertrouwen en gaan samenwerken. Daarin moet ruimte zijn voor zelfreflectie en machtsverschuivingen, of zoals IABR-directeur Saskia van Stein het verwoordt: 'Het is hoog tijd af te rekenen met historische patronen van kolonisatie, onrechtvaardigheid en uitsluiting in de architectuur.'[22]

Het jaarboek kan hier vanuit de vier-en-bekritiseer-traditie een rol in spelen, wist Hans van Dijk: 'Geef iets van die leuke gesprekken die onderweg in het redactionele automobiel plaatsvinden maar eens prijs', daarmee doelend op het 'schemergebied tussen wel of niet opnemen' van projecten in het jaarboek.[23] Hoewel dat inderdaad boeiende debatten oplevert, heeft de architectuur nu vooral nood aan reflectie op haar maatschappelijke positie. Dus interpreteer ik Van Dijk graag wat ruimer, als pleitbezorger van een transparante architectuurcultuur van nuance en van hardop durven twijfelen. Een cultuur waarin vieren en bekritiseren zich niet in parallelle werelden bevinden, maar communicerende vaten zijn. Daarom volg ik samen met mijn collega-redactieleden van het 35ste jaarboek graag de suggestie van Van Dijk op: *It's time to talk*.

1 Anne Luijten, 'In Jaarboekland schijnt nog steeds de zon', in Samir Bantal et al., *Architectuur in Nederland. Jaarboek 2009/10*, Rotterdam 2010, p. 10-15.
2 Hans Ibelings, 'Schrijven zoals Hans. In memoriam Hans van Dijk (1948-2021)', www.archined.nl/2021/09/schrijven-zoals-hans-in-memoriam-hans-van-dijk-1948-2021/.
3 Idem.
4 Hans van Dijk (red.), *Architectuur in Nederland. Jaarboek 1987/1988*, Rotterdam 1988.
5 opendata.cbs.nl/statline/#/CBS/nl/dataset/82235NED/table.
6 Het Nieuwe Instituut, Rotterdam, 'Stichting Architectuur Museum/Archief' (inventaris archief, opgemaakt door het Nederlands Achitectuurinstituut), Rotterdam 2000, p. 11, zoeken.hetnieuweinstituut.nl/images/archives/pdf/SAMU.ead.pdf.
7 Hans van Dijk, *A-84*, Amsterdam 1984.
8 Adri Duivesteijn, 'Hollands dagboek', *NRC Handelsblad*, 6 december 1986.
9 Hans van Dijk (red.), *A-85*, Amsterdam 1985.
10 'Meervoudige opdracht', hetnieuweinstituut.nl/het-gebouw/meervoudige-opdracht.
11 Bernard Colenbrander, 'De aantrekkingskracht van een vreemdeling', in: Ruud Brouwers et al. (red.), *Jaarboek Architectuur in Nederland 1988/1989*, Rotterdam 1989, p. 11-15.
12 Dirk Baalman, 'De Heritage Industry draait op volle toeren', in: Ruud Brouwers et al. (red.), *Jaarboek Architectuur in Nederland 1988/1989*, Rotterdam 1989, p. 29-32.
13 Sergio M. Figueiredo is hoofd van de Curatorial Research Collective aan de TU Eindhoven. Zijn promotieonderzoek naar de opkomst van architectuurmusea verscheen onder de titel *The NAi Effect Creating Architecture Culture*, Rotterdam 2016.
14 Hans Ibelings, *Supermodernisme. Architectuur in het tijdperk van de globalisering*, Rotterdam 1998; Bart Lootsma, *Superdutch. De tweede moderniteit van de Nederlandse architectuur*, Nijmegen 2000.
15 Als vervolg op de Nationale Dialoog Bouwcultuur, op 5 maart 2020, in Park Vliegbasis Soesterberg, georganiseerd door de Federatie Ruimtelijke Kwaliteit, Kunsten '92 en de Vereniging Deltametropool.
16 'Countryside: The Future', www.oma.com/projects/countryside-the-future.
17 'Kabinet besluit tot aanscherping regels hyperscale datacenters', rijksoverheid.nl, 16 februari 2022 (bezocht op 21 maart 2022).
18 Van 2013 tot en met 2016 vormde Oostmeijer met Tom Avermaete, Hans van der Heijden en Linda Vlassenrood de redactie (in de laatste editie verving Kirsten Hannema Vlassenrood).
19 edwinoostmeijer.nl/the-summit/.
20 Teun van den Ende, 'Nieuwe directeur IABR Saskia van Stein: "Het gesprek over architectuur is afgestompt"', versbeton.nl., 22 januari 2022.
21 'Renoveren voor trotse toekomstige generaties', www.boijmans.nl/museum/renovatie-museum-gebouw.
22 Zie noot 20.
23 Hans van Dijk, 'Het jaarboek kan nóg beter', Archined, 6 mei 2009, archined.nl/2009/05/het-jaarboek-kan-nog-beter/.

holding fast to established interests is also a dead end. What is needed is a debate in which participants understand, trust and collaborate with one another. There should be scope for self-reflection and power shifts or, as IABR director Saskia van Stein puts it: 'It is high time to have done with historical patterns of colonization, injustice and exclusion in architecture.'[22]

The yearbook can play a role here in terms of its celebrate-and-critique tradition, as Hans van Dijk well knew. 'Reveal something of those interesting conversations that take place in the editorial car,' he urged, referring to the 'grey area of whether or not to include' projects in the yearbook.[23] Although that does indeed generate fascinating debates, architecture today is most in need of reflection on its social position. So I would like to interpret Van Dijk more broadly, as advocating a transparent architectural culture of nuance and of daring to doubt out loud. A culture in which celebration and critique do not exist in parallel worlds but are communicating vessels. And so I, and my fellow-editors of the 35th yearbook, wholeheartedly endorse Van Dijk's suggestion: It's time to talk.

1 Anne Luijten, 'The sun's still shining in Yearbook Land', in Samir Bantal et al., *Architecture in the Netherlands. Yearbook 2009/10*, Rotterdam 2010, pp. 10-15.
2 Hans Ibelings, 'Schrijven zoals Hans. In memoriam Hans van Dijk (1948–2021)', www.archined.nl/2021/09/schrijven-zoals-hans-in-memoriam-hans-van-dijk-1948-2021/.
3 Idem.
4 Hans van Dijk (ed.), *Architecture in the Netherlands. Yearbook 1987/1988*, Rotterdam 1988.
5 opendata.cbs.nl/statline/#/CBS/nl/dataset/82235NED/table.
6 Het Nieuwe Instituut, Rotterdam, 'Stichting Architectuur Museum/Archief', (archival inventory assembled by the Nederlands Architectuurinstituut), Rotterdam 2000, p. 11, zoeken.hetnieuweinstituut.nl/images/archives/pdf/SAMU.ead.pdf.
7 Hans van Dijk, *A-84*, Amsterdam 1984.
8 Adri Duivesteijn, 'Hollands dagboek', *NRC Handelsblad*, 6 December 1986.
9 Hans van Dijk (ed.), *A-85*, Amsterdam 1985.
10 'Meervoudige opdracht', hetnieuwe-instituut.nl/het-gebouw/meervoudige-opdracht.
11 Bernard Colenbrander, 'The attractiveness of strangers', in Ruud Brouwers et al. (eds.), *Architecture in the Netherlands. Yearbook 1988/1989*, Rotterdam 1989, pp. 11-15.
12 Dirk Baalman, 'The Heritage Industry is going full blast', in Ruud Brouwers et al. (eds.), *Architecture in the Netherlands. Yearbook 1988/1989*, Rotterdam 1989, pp. 29-32.
13 Sergio M. Figueiredo is head of the Curatorial Research Collective at the TU Eindhoven. His doctoral research into the rise of architecture museums was published under the title *The NAi Effect Creating Architecture Culture*, Rotterdam 2016.
14 Hans Ibelings, *Supermodernisme. Architecture in the Age of Modernization*, Rotterdam 1998; Bart Lootsma, *Superdutch. New Architecture in the Netherlands*, Nijmegen 2000.
15 Ministerie van Binnenlandse Zaken en Koninkrijksrelaties and Ministerie van Onderwijs, Cultuur en Wetenschap, 'Actieprogramma Ruimtelijk Ontwerp 2021–2024. Ontwerp verbindt', 18 December 2020.
16 'Countryside: The Future', www.oma.com/projects/countryside-the-future.
17 'Kabinet besluit tot aanscherping regels hyperscale datacenters', rijksoverheid.nl, 16 February 2022 (accessed 21 March 2022).
18 Oostmeijer, Tom Avermaete, Hans van der Heijden and Linda Vlassenrood were the editors from 2013 to 2016 (for their fourth yearbook Vlassenrood was replaced by Kirsten Hannema).
19 edwinoostmeijer.nl/the-summit/.
20 Teun van den Ende, 'Nieuwe directeur IABR Saskia van Stein: "Het gesprek over architectuur is afgestompt"', versbeton.nl., 5 January 2022.
21 'Renoveren voor trotse toekomstige generaties', www.boijmans.nl/museum/renovatie-museum-gebouw.
22 See note 20.
23 Hans van Dijk, 'Het jaarboek kan nóg beter', Archined, 6 May 2009, archined.nl/2009/05/het-jaarboek-kan-nog-beter/.

Foto's/Photos: **Manou Huijbrechts**

HP Architecten

Renovatie en verduurzaming Rechthuislaan

Rotterdam
Opdrachtgever: Woonstad Rotterdam

Ooit was de Rechthuislaan een van de statige hoofdstraten van Katendrecht, maar in de jaren 1980 hebben woningrenovaties de negentiende-eeuwse panden ingrijpend veranderd. Er werden portiekontsloten appartementen gemaakt, kappen werden vervangen door witte Trespa dakdozen, winkelruimtes werden gesloten bergingen, en houten kozijnen werden vervangen door kunststof exemplaren. In de recentelijk opgewaardeerde wijk begonnen de panden armoedig af te steken bij de nieuwbouw en vernieuwde woningen.

Voor de aanpak van dit project deed de architect, die zelf in de buurt woont, een onderzoek naar de gevels van de historische panden en naar de renovatie in de jaren 1980. Op basis hiervan zijn keuzes gemaakt over welke elementen terug te halen en welke onderdelen te vernieuwen, om als het ware een nieuwe façade te maken. De dakdozen werden vervangen door zinken dakbekleding, de kanariegele voordeuren werden vervangen door donkergroene en donkerrode, voor de Trespa platen kwam glas in de plaats en de afgeschermde balkons werden verwijderd voor balkons van zwart staal. Daarnaast zijn de gevels en daken beter geïsoleerd en er zijn zonnepanelen geplaatst. Tijdens de renovatiewerkzaamheden konden de bewoners in hun huizen blijven wonen. De verbetering van de woningen en het straatbeeld is gerealiseerd zonder huurverhoging.

Waar bij dit type renovatie normaal gesproken geen architecten betrokken worden, laat deze renovatie zien wat de toegevoegde waarde daarvan kan zijn. De corporatie is van plan ook de overzijde van de straat op dezelfde wijze te transformeren. Het project dient als inspiratie voor de verbetering van sociale woningen in andere stadswijken.

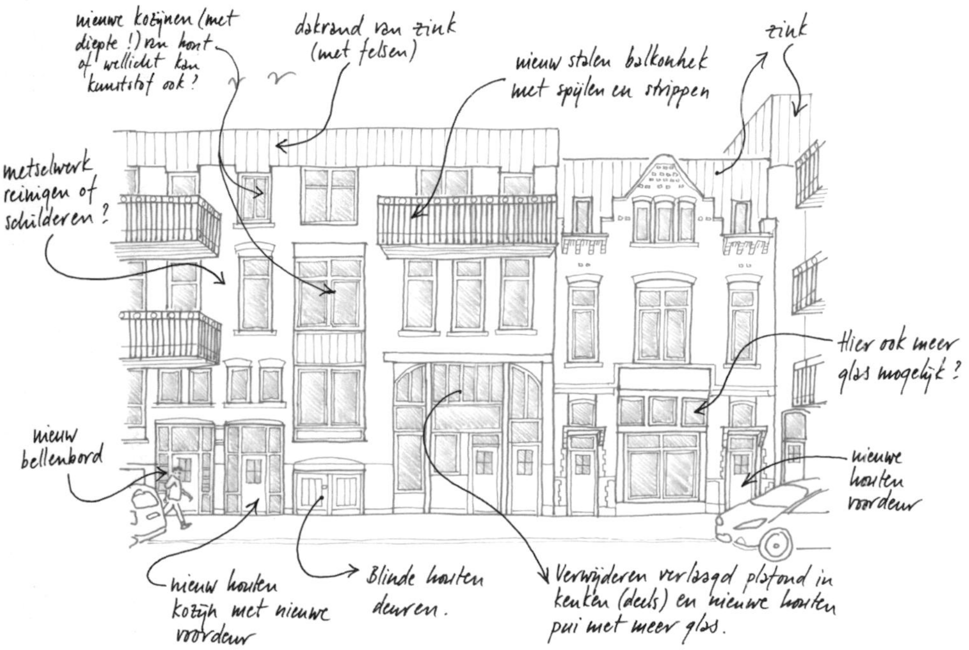

nieuwe kozijnen (met diepte !) van hout of wellicht kan kunststof ook?

dakrand van zink (met felsen)

nieuw stalen balkonhek met spijlen en strippen

zink

metselwerk reinigen of schilderen ?

Hier ook meer glas mogelijk ?

nieuw bellenbord

nieuwe houten voordeur

nieuw houten kozijn met nieuwe voordeur

Blinde houten deuren.

Verwijderen verlaagd plafond in keuken (deels) en nieuwe houten pui met meer glas.

Situatie/Site plan

A Rechthuislaan
B Tolhuislaan
C Katendrechtsestraat
D fase/phase 2

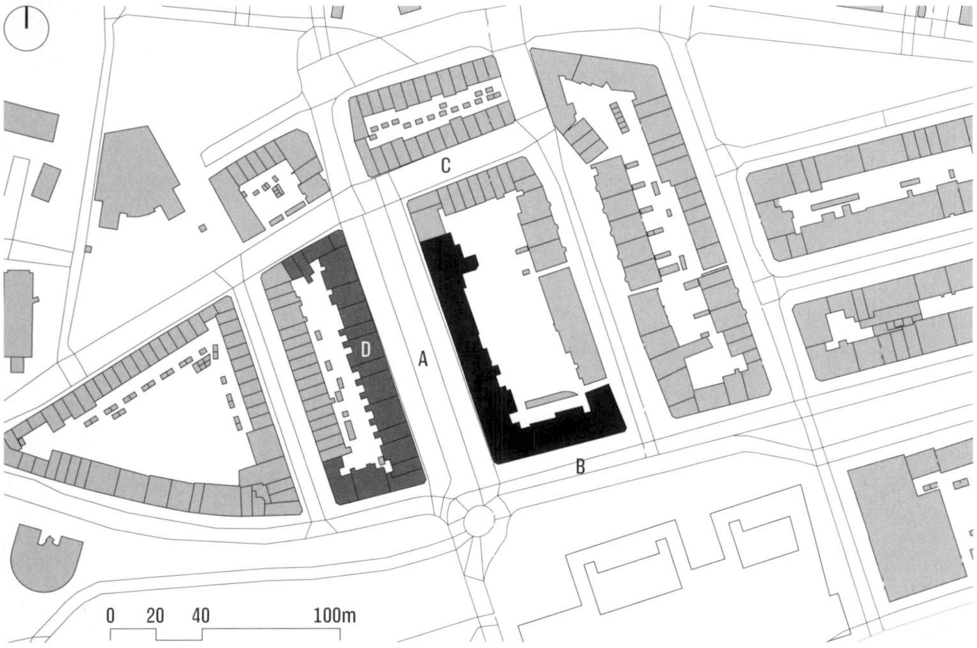

0   20   40   100m

Foto/Photo: **Meindert Koelink**

Renovation and sustainable retrofit Rechthuislaan

Rotterdam
Client: Woonstad Rotterdam

Rechthuislaan was once one of the Katendrecht district's stately residential streets, but a renovation programme in the 1980s radically altered the nineteenth-century buildings. They were turned into porch-access apartments, roofs were replaced by white laminate roof extensions, shops became mute-walled storage spaces, and timber frames were replaced by synthetic ones. Following Katendrecht's recent refurbishment, the buildings had started to look distinctly shabby compared with the new buildings and renovated dwellings.

Before deciding how to tackle this project the architect, who lives in the area, researched the facades of the historical buildings and the 1980s renovation. This informed his decision regarding which elements to reinstate and which to renew in creating a new facade. The roof units were replaced by zinc roof cladding, the front doors swapped canary yellow for dark green and dark red, laminated panels were replaced by glass, and the semi-screened balconies were exchanged for elegant black steel ones. In addition, the insulation of the elevations and roofs was improved, and solar panels were installed. Residents were able to remain in their apartments throughout the renovation work. The improvements to the dwellings and the streetscape were realized without any increase in rent.

While this type of renovation does not usually involve an architect, this project demonstrates the potential added value of architect involvement. The housing association is planning to transform the other side of the street in the same manner. The project should serve as inspiration for the renovation of public housing in other urban areas.

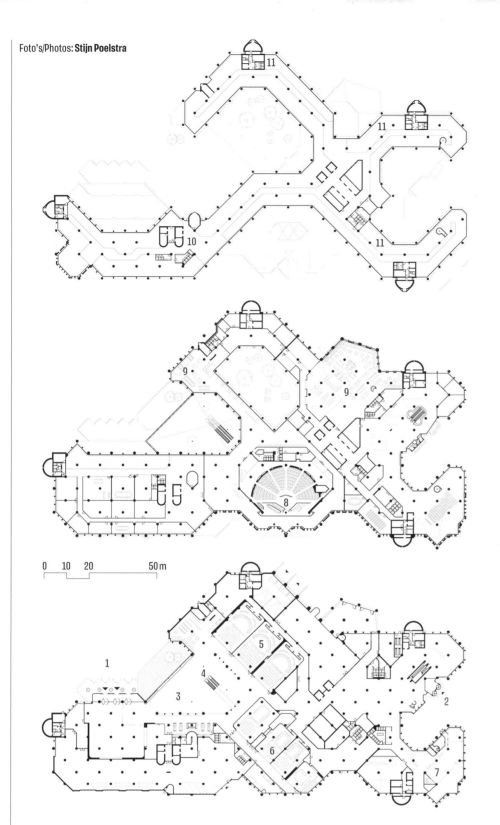

Foto's/Photos: **Stijn Poelstra**

Zecc Architecten

Tijdelijke huisvesting Tweede Kamer

Den Haag
Opdrachtgever: Rijksvastgoedbedrijf i.s.m. Tweede Kamer der Staten-Generaal, Den Haag

In de zomer van 2021 heeft de Tweede Kamer tijdelijk zijn intrek genomen in het voormalige ministerie van Buitenlandse Zaken in Den Haag. Het gebouw uit 1985 werd ontworpen door Dick Apon in een brutalistische stijl met veel beton en een dwingende kolomstructuur. Nu zijn zeven verdiepingen ervan heringericht met werkplekken voor 1.200 ambtenaren, een entreegebied, de Statenpassage, commissiezalen, de plenaire zaal en het leden-restaurant.

Toegankelijkheid, transparantie, veiligheid en duurzaamheid waren voor de opdrachtgever belangrijke ontwerpuitgangs-punten. Een ander belangrijk onderdeel was het creëren van een publieksentree voor de jaarlijks 200.000 bezoekers aan de Tweede Kamer. Aan de plint van het gebouw is een goudkleurige luifel toegevoegd met een vloeiende vorm die aansluit op het stramien van de architectuur. De gouden tint, die is geïnspireerd op de oorspronkelijke messingkleurige letters van de beweg-wijzering van Buitenlandse Zaken, blijft door het gehele gebouw aanwezig en geeft de bezoeker richting. Via de ontworpen beveiligingscheck betreedt men de hoge centrale hal met slanke kolommen en een roltrap. Opvallend aan de ruimte is dat er geen meubilair aanwezig is, waardoor het voor de bezoeker duidelijk is dat hier verblijven ongewenst is. De sequentie van de ruimtes en routes die erna volgt, is gebaseerd op het gebouw aan het Binnenhof. Bekende elementen zijn nagebouwd of hergebruikt, zoals de kenmerkende roltrappen en de plenaire zaal, waarin het bestaande meubilair van de Tweede Kamer is geplaatst. Nieuwe toevoegingen zijn de zachte grijstinten in het interieur en er is de aansluiting bij de bestaande architectuur, zoals de gebouchardeerde betonnen kolommen die in hun originele staat zijn gelaten.

Tweede, eerste verdieping, begane grond/Second, first, ground floor
1 publieksentree/public entrance
2 entree evenementen, pers/ events, press entrance
3 Statenpassage/passageway (Statenpassage)
4 roltrap/escalator
5 grote commissiezalen/ large committee rooms
6 kleine commissiezalen/ small committee rooms
7 Nieuwspoort (pers/press)
8 plenaire zaal/chamber
9 ledenrestaurant/ members' dining room
10 vergadercentrum/ conference centre
11 werkplekken fracties/ political party offices

Situatie/Site plan
A Bezuidenhoutseweg
B Utrechtsebaan
C Prinses Irenepad
D Anna van Buerenplein
E station
F Koekamp, Malieveld

■ oud/old
■ nieuw/new

Doorsnede/Section

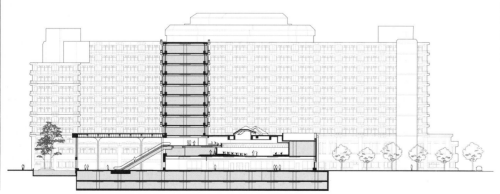

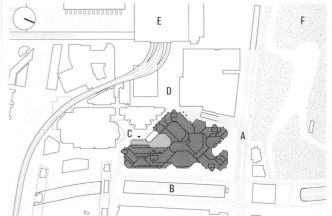

Temporary housing of the House of Representatives

The Hague
Client: Rijksvastgoedbedrijf with Tweede Kamer der Staten-Generaal, The Hague

In the summer of 2021, the House of Representatives took up residence in the former ministry of Foreign Affairs building in The Hague. The 1985 building was designed by Dick Apon in a brutalist style featuring copious concrete and a dominant column structure. Seven floors of the building were fitted out with work stations for 1,200 public servants, an entrance area, a central passageway (Statenpassage), committee rooms, the chamber and a members' dining room.

Accessibility, transparency, security and sustainability were key design issues for the client. Another crucial element was the creation of a public entrance for the 200,000 people who visit the House every year. A sinuous gold-coloured awning aligned with the building grid was added to the base of the building. The gold colour, based on the original brass-coloured lettering in Foreign Affairs signage, is present throughout the building pointing visitors in the right direction. After passing through the new security checkpoint, people find themselves in a tall central hall with slender columns and an escalator. The striking absence of furniture leaves the visitor in no doubt that lingering is unwelcome here. The sequence of spaces and routes that follows is based on the Binnenhof building. Familiar elements such as the distinctive escalators and the chamber have been replicated, or reused, such as the existing House of Representatives furniture. A new addition is the pale grey colour scheme in the interior, while some elements of the existing architecture, such as the bush-hammered concrete columns, have been assimilated as is.

Foto/Photo: **Werry Crone**

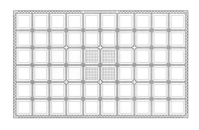

Foto's/Photos: **Karin Borghouts**

Plattegrond, wandaanzichten en plafond plenaire zaal/
Floor plan, walls and chamber ceiling

`0  2  4        10 m`

Plattegrond, wandaanzichten en plafond stijlkamer/Floor plan, walls and ceiling of eighteenth-century period room

Doorsnede/Section
1 entree/entrance Lange Voorhout
2 tuinkamer/garden room
3 fractiekamers/political party rooms
4 entree/entrance Kazernestraat
5 lobby
6 ontvangstruimte/reception area
7 refter/dining area
8 (openbare) commissiekamer/ (public) committee room
9 commissiekamers/committee rooms
10 hal/hall
11 plenaire zaal/chamber

Situatie/Site plan
A Lange Voorhout
B Kazernestraat
C Willemstraat
D Huis Huguetan

`0  5  10      25 m`

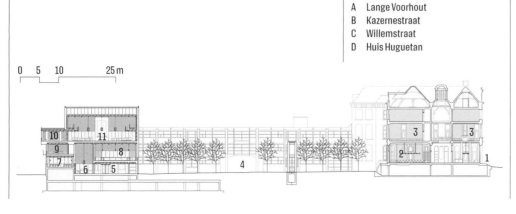

Happel Cornelisse Verhoeven

Tijdelijke huisvesting Eerste Kamer en Raad van State

Den Haag
Opdrachtgever: Rijksvastgoedbedrijf, Den Haag

Nu de komende jaren het Binnenhof grootschalig wordt gerenoveerd, hebben de verschillende gebruikers een nieuw onderkomen moeten vinden. De Eerste Kamer en de Raad van State hebben hun tijdelijke intrek genomen in het monumentale stadspaleis Huis Huguetan aan het Lange Voorhout en de achterliggende uitbreiding uit de jaren 1980 aan de Kazernestraat, die daartoe werden verbouwd. Waar het in rococostijl ontworpen Huis Huguetan status, rijkdom en weelderigheid representeert, ademt de uitbreiding een moderne sfeer met glas en cassetteplafonds. Door het interieurontwerp is van beide gebouwen een harmonieus en representatief geheel gemaakt.
Het interieurontwerp betrof alle publieke en ceremoniële ruimten. De stijlkamers zijn ingericht voor het dagelijks bestuur, officiële ontvangsten en fractiekamers. Nieuwe vloerbedekkingen, wandbespanningen, meubilair en armaturen hebben een frisse uitstraling en passen tegelijkertijd bij de oorspronkelijke witgrijze toon van de stijlkamers. In de uitbreiding is het stijlkameridee voortgezet door een nieuwe 'voering' te ontwerpen. Dit is als het ware een klassiek-modern decor waar achter de houten wandbetimmeringen, gordijnen, vloerbedekkingen en cassetteplafonds het oorspronkelijke gebouw schuilhoudt. Het decor roept herinneringen op aan het Binnenhof. Vanwege beperkte ruimte is de schaal van de historische plenaire zaal van het Binnenhof dertig procent kleiner. Daarbinnen is desondanks dezelfde, maar iets krappere parlementaire opstelling gemaakt. De beslissing om Huis Huguetan in oorspronkelijk sfeer te renoveren en om het jarentachtiggebouw te verbergen, is naast een esthetische ontwerpkeuze ook een politieke keuze. De gebruikers voelen zich nu eenmaal thuis in een klassiek-moderne omgeving waar hun traditionele rituelen, conventies en symboliek tot hun recht komen. Maar toch zorgt de 'voering' voor een zachtere ervaring van de ruimte, met een meer menselijke schaal. Nu het volk snakt naar een nieuwe bestuurscultuur, is deze voering een goed experiment voor een meer menselijke maat in de politiek.

Temporary housing of the Senate and Council of State

The Hague
Client: Rijksvastgoedbedrijf, The Hague

With the home of the Dutch parliament (the Binnenhof) undergoing major renovations in the coming years, its several users needed to find new accommodation. The Senate and the Council of State have taken up temporary residence in Huis Huguetan, a heritage-listed mansion on Lange Voorhout, and the 1980s extension to its rear on Kazernestraat. Both have been renovated to adapt them to their new function. While the rococo-style Huis Huguetan represents status, wealth and opulence, the extension, with its copious glass and coffered ceilings, exudes a modern atmosphere. The interior design turns the two buildings into a harmonious and dignified whole.

The design encompassed all the public and ceremonial spaces. The eighteenth-century period rooms were fitted out for the executive committee, official receptions and political party rooms. New floor and wall coverings, furniture and fittings make a fresh impression while also being in keeping with the original white-grey colour scheme of the period rooms. The period room concept continues in the extension courtesy of a new 'lining'. This is as it were a classic-modern decor where the original interior wis concealed behind wooden wall panelling, curtains, floor coverings and coffered ceilings. The decor is reminiscent of the Binnenhof. Owing to the limited space, the scale of the recreated chamber is 30 per cent smaller than the historical original in the Binnenhof. The room has the same parliamentary layout, albeit slightly more cramped. The decision to renovate Huis Huguetan in the original style and to camouflage the 1980s interior of the extension was both an aesthetic and a political choice. The users feel completely at home in a classic-modern setting that does justice to their traditional rituals, conventions and symbolism. Yet the 'lining' also provides for a softer spatial experience, on a more human scale. With the electorate now hankering for a new administrative culture, this temporary camouflage is a useful experiment for a more human dimension in politics.

KAAN
Architecten

Rechtbank Amsterdam

Amsterdam
Opdrachtgever: Rijksvastgoedbedrijf, Den Haag

Toen het gerechtsgebouw uit 1990 op de Amsterdamse Zuidas niet meer bleek te voldoen aan hedendaagse eisen voor een rechtbank, is gekozen voor herhuisvesting op dezelfde locatie. Renovatie was door de inflexibiliteit van het gebouw niet mogelijk. De herhuisvesting gebeurde in verschillende fasen, zodat de rechtbank gedurende de bouw vanaf 2017 open kon blijven. In mei 2021 werd het nieuwe gebouw in gebruik genomen.

De rechtbank moest een zichtbaar, herkenbaar, functioneel en duurzaam gebouw worden. Daarnaast moest het zowel autoriteit uitstralen als uitnodigend zijn. KAAN heeft een alzijdig gebouw ontworpen met een verticale organisatie die in de gevel afleesbaar is. Ondergronds parkeren naast de rechtbankmedewerkers de geregistreerde verdachten in een apart cluster, van waaruit zij het gebouw via een aparte hellingbaan betreden.

Op de begane grond en de onderste drie verdiepingen bevinden zich de publiek toegankelijke zittingzalen met daaromheen foyers die aan de transparante gevel als overgangsruimte tussen binnen en buiten fungeren. Het interieur van de gesloten ruimtes, zoals de zittingzalen en verhoorkamers, is sereen ingericht met functionele meubels.

Op de tussenlaag, een overgangsgebied tussen het publieke en het institutionele deel, zijn een restaurant en informele werkplekken voor medewerkers gemaakt. Vanaf hier leidt een rond trappenhuis (met elkaar kruisende trapdelen) naar de kantoren en kamers van de rechters, georganiseerd rondom groene binnenplaatsen. Gezien dit complexe programma, waarvoor strenge veiligheidseisen gelden, is het indrukwekkend hoeveel controle de architecten wisten te behouden op de architectonische kwaliteit.

Foto's/Photos: **Fernando Guerra**

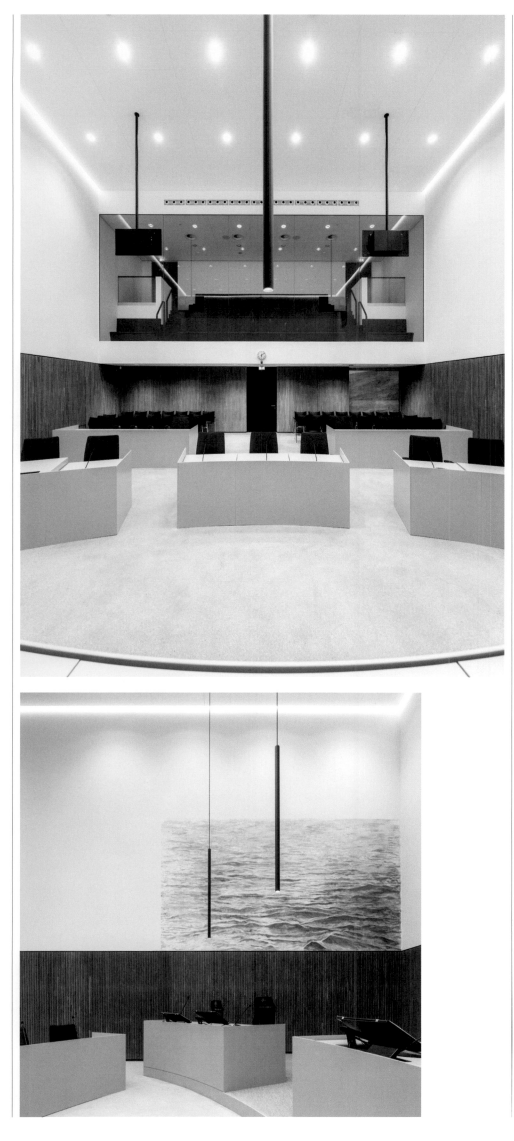

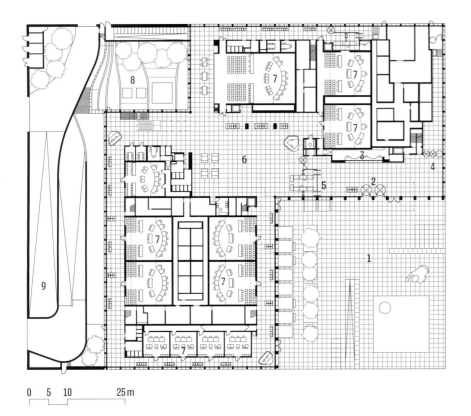

Begane grond/Ground floor

1. publiek plein/public square
2. publieke entree/public entrance
3. receptiebalie/reception desk
4. medewerkersentree/staff entrance
5. veiligheidscontrole/security check
6. centrale/central foyer
7. zittingszaal/courtroom
8. tuin/garden
9. hellingbaan/ramp
10. pers ruimte/press room
11. café
12. werkplekken/offices and workspaces
13. patio binnen/internal patio
14. patio buiten/external patio
15. rond trappenhuis/circular staircase

Doorsneden/Sections

0 5 10   25 m

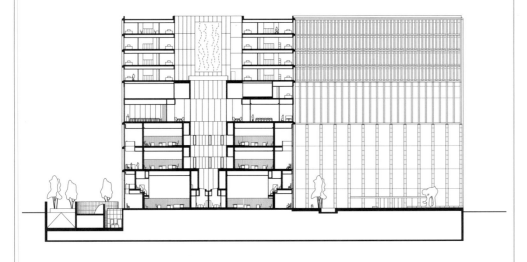

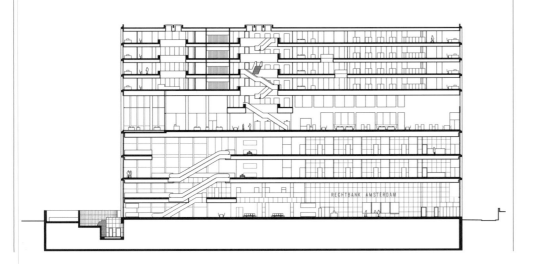

**Zevende, tweede, eerste verdieping/
Seventh, second, first floor**

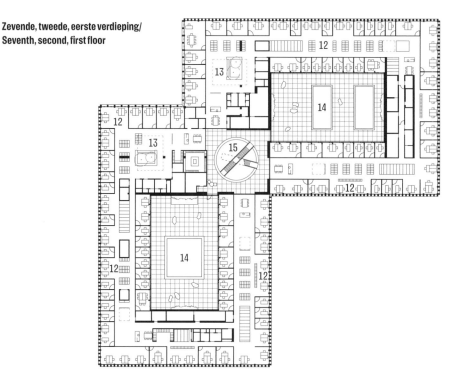

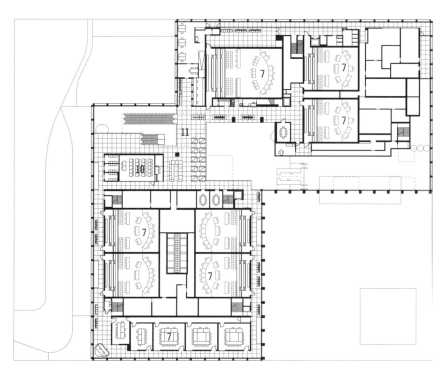

Amsterdam Courthouse

Amsterdam
Client: Rijksvastgoedbedrijf, The Hague

When it became apparent that the 1990 courthouse in Amsterdam's Zuidas was no longer fit for purpose, it was decided to rebuild on the same site, renovation having been ruled out by the inflexibility of the existing building. The relocation occurred in several stages, allowing the court to continue to operate throughout the construction process, which began in 2017. The new building was completed in May 2021.

The new courthouse was required to be a visible, recognizable, functional and sustainable building. In addition it had to radiate authority while also being welcoming. KAAN architecten designed an omni-directional building with a vertical organization that is legible in the elevation. Underground parking has dedicated sections for court staff and registered defendants, from where they enter the building via separate ramps. The first four floors contain the publicly accessible courtrooms surrounded by foyers that adjoin the transparent facade where they act as an intermediary between indoors and outdoors. The interior of the closed spaces, such as courtrooms and interview rooms, is fitted out with functional furniture in a calm, low-key style.

The fourth floor, a transitional area between the public and institutional sections, contains a restaurant and informal workplaces for staff. From here a circular staircase (with criss-crossing flights of stairs) ascends to the offices and the judges' rooms, organized around green courtyards. Given the complex programme and stringent security requirements, it is amazing how much control the architects managed to maintain over the architectural quality.

Situatie/Site plan
A   A10
B   Parnassusweg
C   Strawinskylaan

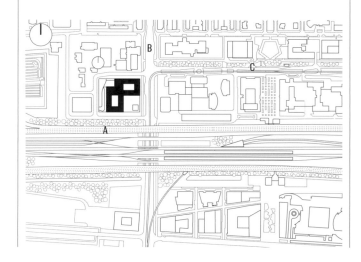

De veranderkracht van het decor

In gesprek met Afaina de Jong en Ninke Happel

Decor's power to change

In conversation with Afaina de Jong and Ninke Happel

Architect Ninke Happel (1978) is een van drie oprichters van HCVA. De projecten van het bureau zijn uiteenlopend, van publieke gebouwen, herbestemmingen, woongebouwen tot aan openbare interieurs. Ze werken vanuit een uitgesproken belangstelling voor de cultuurhistorische gelaagdheid van steden en gebouwen en hun projecten bevinden zich vaak op het snijvlak van oud en nieuw.

Architect Afaina de Jong (1977) is oprichter van het bureau AFARAI, waarmee ze vanuit een intersectionele en interdisciplinaire aanpak aan ruimtelijke opgaven werkt. De ontwerpen van De Jong richten zich vaak op representatie, in verschillende vormen en schaalniveaus, van tentoonstellingen tot aan publieke ruimte. Daarbij bevraagt ze de maatschappelijke en politieke norm, waardoor er een nieuw toekomstperspectief ontstaat. Daarnaast is De Jong hoofd van de master Contextual Design op de Design Academy in Eindhoven.

Architect Ninke Happel (b. 1978) is one of the three founders of HCVA. The practice's projects vary widely, from public buildings, redevelopments and apartment buildings to public interiors. They are especially interested in the cultural-historical layering of cities and buildings and many of their projects are at the interface of old and new.

Architect Afaina de Jong (b. 1977) is the founder of AFARAI, a practice that applies an intersectional and interdisciplinary approach to spatial design tasks. De Jong's designs often involve representation, in different forms and at different levels of scale, from exhibitions to public space. In interrogating the social and political, she opens up new perspectives. De Jong is also head of the Contextual Design master's programme at the Design Academy Eindhoven.

Opbouw tentoonstelling '1:1 Stijl-kamers by Andreas Angelidakis', Het Nieuwe Istituut, Rotterdam, 2015

Construction of '1:1 Period Rooms by Andreas Angelidakis' exhibition, Het Nieuwe Instituut, Rotterdam, 2015
Foto/Photo: Johannes Schwartz

Architectuur is altijd politiek, maar nog meer bij publieke gebouwen. Representatie van macht, een nationaal verhaal en verschillende politieke belangen oefent kracht uit op de architect en heeft daarmee ook invloed op de gebruiker. Dankzij het neoliberale klimaat is het voor de architect steeds moeilijker geworden om een collectief belang te dienen. In dit jaarboek zijn projecten opgenomen die dit krachtenveld illustreren, zoals de tijdelijke huisvesting van de Eerste Kamer en de Raad van State van Happel Cornelisse Verhoeven Architecten (HCVA), de tijdelijke huisvesting van de Tweede Kamer van Zecc Architecten en Rechtbank Amsterdam van KAAN Architecten. Deze projecten zijn aanleiding voor een gesprek met Ninke Happel en Afaina de Jong. De tijdelijke huisvesting van de Eerste Kamer en de Raad van State en het werk van Afaina de Jong worden in relatie tot het thema architectuur, maatschappelijke impact en representatie besproken.

De positie van de architect is altijd in verandering. Waar bijvoorbeeld in de jaren 1990 het architectuurveld de wind mee had, door politiek draagvlak en ondersteuning en kansen voor jonge bureaus, bevindt de architect zich nu in een andere context. Door de steeds verdere terugtrekking van de overheid en de sterkere positie van de markt (die een individueel belang dient) is het voor de architect moeilijker geworden om maatschappelijke ambities te verwezenlijken en het collectieve belang te dienen in projecten. De Jong herkent zich in dit beeld, maar deze tijd heeft volgens haar toch een interessante generatie architecten voortgebracht. Waar er eerder meer een scheiding was tussen de 'echte', bouwende architect en de 'denkende', academische architect, is er nu een groep architecten die deze twee polen in zich verenigen. Deze architecten zijn opgeleid in een crisistijd en zijn daardoor gedwongen geweest om opnieuw na te denken over hun positie en engagement tot het vakgebied. Hun werk kenmerkt zich doordat het zich aan de randen van hun veld bevindt, waardoor ze meer

overzicht hebben en daardoor het vakgebied een spiegel kunnen voorhouden en nieuwe perspectieven kunnen tonen. Happel geeft aan veel voldoening te halen uit het werken aan publieke gebouwen, juist omdat daarbij het collectieve belang en daarmee de nuance vanzelfsprekend zijn. Zowel De Jong als Happel gelooft in een opbouwend activisme in het vakgebied, waarbij architecten met ruimtelijke alternatieven het collectieve belang vooropzetten.

Happel en De Jong merken op dat de beperkte speelruimte binnen de woningbouwopgave heeft geleid tot een toename van architecten die de rol van een opdrachtgever of bouwer aannemen. Volgens De Jong is dit een interessante ontwikkeling als daarmee iets nieuws wordt toegevoegd. Het is een kans om de sociale agenda vanuit de architectuur te vertalen naar een andere aanpak van projecten als opdrachtgever of als bouwpartij. Happel stelt dat de 'architect als opdrachtgever' echter vaak op dezelfde manier gaat denken en handelen als de opdrachtgever waarvan hij zich probeerde te bevrijden. Het innoverende effect is daardoor miniem. Dat komt doordat de 'architect als opdrachtgever' zelf alle teugels in handen houdt en stuurt op controle van de spreadsheet. Het gesprek met de ander, de verrassende invalshoek en dus de diepgang worden bij voorbaat uitgesloten. Vraagstukken waar we nu mee te maken hebben, zoals de klimaat- en woningcrisis, zijn echter complex. Daar zijn veel meer en bredere inzichten bij nodig dan alleen die van een opdrachtgever, een bouwer en een architect. De huidige uitdaging van het architectenvak is volgens Happel om met ontwerpkracht die veelheid aan inzichten toe te laten en daar verbindingen in te zoeken, om vervolgens sterke ruimtelijke voorstellen te doen zonder te verzanden in ondermaatse architectonische compromissen.

Het ontwerp voor de tijdelijke huisvesting van de Eerste Kamer en de Raad van State is daar een voorbeeld van. Vanwege de grondige verbouwing van het Binnenhof werd het stadspaleis Huis Huguetan aan het Lange Voorhout en de achter-

Architecture is always political, but even more so when it comes to public buildings. The representation of power, of a national narrative and of different political interests exerts influence on the architect and hence also on the users. Thanks to the current neoliberal climate, architects are finding it increasingly difficult to serve the collective interest. This yearbook features several projects that illustrate this contested arena, such as the temporary housing of the Senate and Council of State by Happel Cornelisse Verhoeven Architecten (HCVA), the House of Representatives by Zecc Architecten, as well as the Amsterdam Courthouse by KAAN Architecten. These projects prompted a conversation with Ninke Happel and Afaina de Jong in which the temporary housing of the Senate and Council of State and the work of Afaina de Jong were discussed in relation to the theme of architecture, social impact and representation.

The position of the architect is never static. Whereas in the 1990s the architectural discipline was thriving courtesy of political commitment and opportunities for young practices, today's architects operate in a very different climate. Owing to the government's continued withdrawal from the architectural arena and the stronger position of the market (which serves individual interests), architects are finding it more difficult to realize social ambitions and to serve the collective interest. De Jong agrees with this depiction of the situation, but nevertheless feels that the current period has produced an interesting crop of architects. In the past there was a sharper divide between the 'real' architects who build and the academic architects who 'think', but now there is a group of architects who combine both these poles. These architects studied during a time of crisis and were consequently forced to rethink their attitude towards and engagement with the discipline. Their work is distinguished by the fact that they operate on the periphery of the field, which gives them greater oversight and so enables them to hold a mirror up to the discipline and to present new perspectives.

Happel admits to deriving great satisfaction from working on public buildings, precisely because there the importance of the collective interest and thus of nuance are self-evident. Both De Jong and Happel believe in a constructive activism in the discipline, whereby architects prioritize the collective interest via spatial alternatives.

Happel and De Jong note that the limited leeway in housing construction has resulted in a growing number of architects assuming the role of client or builder. De Jong thinks this is an interesting development as long as it adds something new. It is an opportunity to use architecture to translate the social agenda into a different approach as client or construction party. But Happel warns that the 'architect as client' often starts to think and act in the same way as the client from whom they are trying to free themselves. The innovative effect is consequently minimal. This is because the 'architect as client' holds the reins and focuses on control over the spreadsheet. The conversation with the other, the unexpected perspective and so depth of insight are automatically excluded. But the issues we are now dealing with, like the climate and housing crises, are very complex. They require many more and broader insights than simply that of a client, a builder or an architect. According to Happel, the architectural discipline's current challenge is to use the power of design to welcome and to seek connections in that multiplicity of insights and then come up with strong spatial proposals without getting bogged down in inferior architectural compromises.

The design for the temporary housing of the Senate and the Council of State is an example of this approach. For the duration of the far-reaching and lengthy refurbishment of the Binnenhof, these parliamentary institutions were relocated to Huis Huguetan, a mansion on Lange Voorhout, and the 1980s extension to its rear on Kazernestraat. The renovation of this down-at-heel heritage building needed to accord with this temporary use while also providing an appropriately dignified ambience. In tackling this somewhat contradictory brief, HCVA

liggende uitbreiding uit de jaren 1980 aan de Kazernestraat het nieuwe onderkomen voor deze gebruikers. De renovatie van het sleetse maar monumentale gebouw moest enerzijds aansluiten bij het tijdelijke gebruik en anderzijds zorgen voor een representatieve uitstraling. Voor die enigszins tegenstrijdige opdracht haalde HCVA inspiratie uit de tentoonstelling '1:1 Stijlkamers by Andreas Angelidakis' (2015) in Het Nieuwe Instituut in Rotterdam, waarin ontmantelde stijlkamers werd getoond. Het ontwerp voor de tijdelijke huisvesting concipieerde het bureau als een representatieve 'voering' met houten lambriseringen en gordijnen die letterlijk voor de bestaande en verouderde wandafwerking zijn geplaatst. Het uitgesproken idee van een nieuwe voering was het verbindende antwoord op de veelheid van belangen binnen dit project en kon daardoor tot in de puntjes worden uitgedacht en uitgevoerd.

Door de vele gesloten besluitvormingsprocessen in de politiek van de afgelopen jaren verlangt de maatschappij naar een meer open bestuurscultuur. De architect kan de bestuurscultuur weliswaar niet veranderen, maar hij kan de politieke processen middels vorm en ruimte wel zichtbaarder maken. In het geval van de tijdelijke huisvesting is de tijdelijke voering een sterk beeldmerk dat het democratische proces van een rustige en representatieve achtergrond voorziet. De Jong stelt dat in dit project de relatief bescheiden materialisering en enscenering een belangrijke rol spelen. In veel overheidsgebouwen bevestigt de toepassing van luxe, glimmende materialen macht en autoriteit. Door de achtergrond van een precies geproportioneerd decor in de tijdelijke huisvesting krijgt de ruimte een menselijke maat en staan het lichaam, het samenzijn en het elkaar zien centraal. Hierdoor wordt de aandacht bij de totstandkoming van de gezamenlijke besluitvorming gelegd.

Een ander voorbeeld van hoe decor, materiaal en enscenering worden ingezet om menselijke verhoudingen toe voegen aan een imposante architectuur, is het ontwerp van De Jong

drew inspiration from the exhibition '1:1 Period Rooms by Andreas Angelidakis' (2015) in Het Nieuwe Instituut in Rotterdam, in which dismantled period rooms were on display. HCVA conceived the temporary housing in terms of a dignified 'lining' of wooden panelling and curtains that was literally placed in front of the existing, outworn wall coverings. The original concept of a new lining was the unifying response to the multiplicity of interests at play in this project, which allowed it to be worked out and implemented down to the smallest details.

Thanks to the many closed-door political decision-making processes of recent years, society is longing for a more open and transparent administrative culture. While architects cannot change the administrative culture, they can use form and space to render the political process more visible. In the case of the temporary housing, the highly symbolic temporary lining provides the democratic process with a calm and dignified backdrop. De Jong argues that in this project the relatively modest materialization and scenography play an important role. In many government buildings the use of shiny, sumptuous materials is an affirmation of power and authority. The backdrop of a precisely proportioned decor in the temporary housing invests the space with a human dimension and puts the body, being together and seeing one another centre stage. This in turn puts the spotlight firmly on the process of collective decision making.

Another example of how decor, material and scenography were used to introduce human relationships into an imposing piece of architecture, is De Jong's design for the 'Slavery' exhibition in the Rijksmuseum. For De Jong, the design revolved around two questions. How do you tell the stories of ten individuals (nine of whom were enslaved) within an architecture and a building that have their origins in colonial history? And how do you tell the stories of, and how do you render visible, people who are scarcely represented in the architecture, the archives or the paintings in the Rijksmuseum? De Jong decided to create new spaces inside the museum galleries. These spaces were so

Plenaire zaal in tijdelijke huisvesting Eerste Kamer, oude situatie en na verbouwing
Senate's temporary home, previous situation and post refurbishment
Foto's/Photos: HCVA (boven/top)/ Karin Borghouts (onder/below)

Mock-up-wand plenaire zaal
Mock-up of chamber wall
Foto/Photo: HCVA

Bureau AFARAI, tentoonstellingsontwerp voor 'Slavernij. Tien waargebeurde verhalen', Rijksmuseum, Amsterdam, 2021

Bureau AFARAI, exhibition design of 'Slavery. Ten true stories', Rijksmuseum, Amsterdam, 2021
Foto/Photo: Albertine Dijkema/ Rijksmuseum

voor de tentoonstelling 'Slavernij' in het Rijksmuseum. Voor De Jong stonden in het ontwerp twee vragen centraal. Hoe vertel je het verhaal van tien personages (waarvan negen tot slaaf gemaakten) in een architectuur en gebouw die voortkomen uit de koloniale geschiedenis? En hoe vertel je het verhaal en hoe maak je de aanwezigheid zichtbaar van mensen die nauwelijks gerepresenteerd zijn in de architectuur, in de archieven, in de schilderijen van het Rijksmuseum? De Jong besloot om nieuwe ruimtes te maken in de museumzalen. De ruimtes waren zo ontworpen dat de bezoeker zichzelf moest positioneren bij het tot zich nemen van de verhalen. Door het werken met deels spiegelende en deels open wanden zag de bezoeker zowel het eigen lichaam als die van andere bezoekers. Hierdoor kon de bezoeker zichzelf linken aan iemand anders op een andere plek en werd het een fysieke ervaring. De schaal en de scenografie van de ruimtes waren essentieel om de menselijke maat te ervaren ten opzichte van het indrukwekkende Rijksmuseum. De Jong onderzocht de verschillende architectuurstijlen tijdens de slavernij, en merkte op dat schaal bewust werd gebruikt om enerzijds overzicht te houden, te imponeren, en anderzijds om tot slaaf gemaakte mensen klein te maken, bijvoorbeeld met lage of nauwe doorgangen en ruimtes. De Jong creëerde daarom in de tentoonstelling ruimtes met een andere schaal dan die van het statige Rijksmuseum. Dat maakte het mogelijk dat de bezoeker dit, voor veel mensen nog beladen, thema vanuit een ander, meer menselijk perspectief kon ervaren. Daardoor gebeurde er gevoelsmatig iets nieuws met de bezoeker: de drempel werd lager en mensen werden ontvankelijker voor elkaar en het thema slavernij.

Beide projecten laten zien dat het tijdelijke karakter van de opgave uitdaagde om met decors de status quo van het gangbare te bevragen. Dat is uiteindelijk waar verandering begint.

designed that the visitor had to alter their position in absorbing the stories. The combination of mirrored and open walls meant that the visitor saw both their own body and those of other visitors and enabled the visitor to connect with someone else in a different place in what became a physical experience. The scale and the scenography of the spaces were crucial to experiencing the human scale in relation to the Rijksmuseum's imposing dimensions. De Jong researched which architectural styles were current during the slavery period and noticed that scale was used deliberately, on the one hand to maintain oversight and to impress, and on the other to make the enslaved people look smaller, for example via low or narrow corridors or rooms. De Jong consequently created exhibition rooms on a very different scale from that of the stately Rijksmuseum. This enabled the visitor to experience what is for many still an emotionally charged theme from a different, more human perspective. Visitors underwent a

subtle change: the threshold was lower, and people became more responsive to one another and to the theme of slavery.

In both projects, the temporary nature of the task challenged the designers to use decor to question the current status quo. Ultimately, that is where change begins.

Foto's/Photos: **Jordi Huisman**

Studio Nauta & De Zwarte Hond

Doorsnede/Section

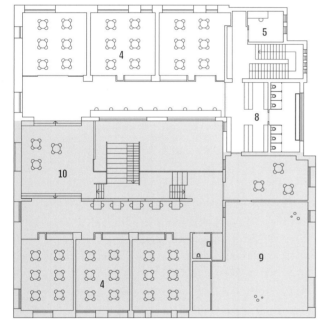

Eerste verdieping, begane grond/First, ground floor
1 entree/entrance
2 atrium
3 kinderdagverblijf/day nursery
4 klaslokaal/classroom
5 kantoor/office
6 keuken/kitchen
7 slaapruimte/sleeping area
8 garderobe/cloakroom
9 speellokaal/playroom
10 vide/void
◻ nieuw/new

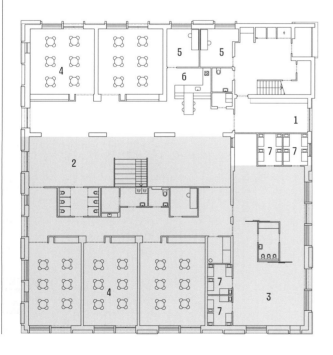

Situatie/Site plan
A Pioenstraat
B Willem Sprengerstraat
■ oud/old
◻ nieuw/new

School by a School

Leeuwarden
Opdrachtgevers: PCBO Leeuwarden; gemeente Leeuwarden; Sinne Kinderopvang, Leeuwarden

Met een doordachte uitbreiding zijn een basisschool en kinderopvang onder één dak gebracht midden in een jarendertigwijk in Leeuwarden. Het schoolbestuur was er aanvankelijk van overtuigd dat een nieuw gebouw nodig was – toch is het schoolgebouw uit 1928, met karakteristieke Amsterdamse School-details, overeind gebleven. Om oud en nieuw te verenigen, zijn de ramen van het bestaande gebouw uitgezaagd tot de beganegrondvloer. Ter plaatse van deze ontmoeting is een vide ontworpen die van boven van daglicht wordt voorzien. De ruime verdiepingshoogte van de oudbouw is doorgezet in de uitbreiding. De ruimtelijke kwaliteit die dit heeft opgeleverd, zou in het geval van volledige nieuwbouw, met de huidige krappe budgetten in de scholenbouw, onmogelijk zijn geweest.
De lesruimtes zijn niet als traditionele klaslokalen georganiseerd, maar in clusters gericht op samenwerken, spel, concentratie en rust. Omdat architecten en gebruikers in het ontwerpproces regelmatig contact hadden aan de hand van (studie)maquettes, zijn gaandeweg nieuwe ideeën geïntegreerd in het ontwerp. Zoals het plan om centraal in het gebouw een keuken te maken die de jongere en oudere kinderen met elkaar kunnen delen.
De geprefabriceerde betonnen plint is afwisselend gevuld met metselwerk, vensters en deuren die toegang geven tot het schoolplein. Op de verdieping liggen de ramen terug in de gevel, met uitzondering van twee vooruitgeschoven ramen, waardoor ruimte ontstaat voor een stevige vensterbank. Het nieuwe dak is volledig van hout, net als de (tribune)trap in de vide. Zonder overdreven trendy te willen zijn, is de school daarmee onmiskenbaar van deze tijd.

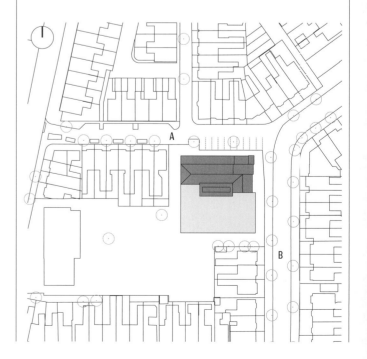

School by a School

Leeuwarden
Client: PCBO Leeuwarden; gemeente Leeuwarden;
Sinne Kinderopvang, Leeuwarden

In a 1930s neighbourhood in Leeuwarden, a primary school and child care centre have been brought together under one roof in a well-thought-out school extension project. Although the school governors were initially convinced that a new building was required, the old 1928 school building, with typical Amsterdam School details, has survived. To unite old and new the windows in the existing building were cut out right down to the ground floor. At this juncture between old and new a void with top daylighting was created. The old building's generous floor height continues in the extension. The resulting spatial quality would have been impossible in a totally new building given today's tight school construction budgets.

Instead of the traditional arrangement, classrooms are organized in clusters dedicated to collaboration, play, concentration and quiet. During the design process, the architects and users met frequently around an evolving model capable of incorporating new ideas – such as a centrally located kitchen to be shared by children of all ages.

The precast concrete ground floor wall is punctuated with areas of brickwork, windows, and with doors leading into the school-yard. On the upper floor the windows are set back, with the exception of two projecting windows behind which there is space for a sturdy window seat. The new roof is entirely of wood, as is the stair-cum-seating in the void. While there has been no effort to be overly trendy, this marks the school as unmistakably of this time.

Olaf Gipser
Architects

Foto's/Photos: **Max Hart Nibbrig**

Stories

Amsterdam
Opdrachtgever: Bouwgroep CPO Samenwerkers BSH20A, Amsterdam

Stories staat op een van de zelfbouwkavels in het voormalige industriegebied Buiksloterham en is ontwikkeld via Collectief Particulier Opdrachtgeverschap. Het is een multifunctioneel gebouw met 26 appartementen en een dakterras en een ruimte voor gemeenschappelijk gebruik. In de plint bevinden zich de parkeergarage, vijf ruimtes voor dienstverlening en een 'verhalencafé'.

Het ontwerp van Stories is een uitwerking van het 'open building'-gedachtegoed. De constructie is een combinatie van beton in de eerste drie bouwlagen en kruislaaghout erboven. De appartementen (variërend van 43 tot 185 m²) bestaan gedeeltelijk uit dubbelhoge lofts. Veel units hebben werkruimtes om woon-werkcombinaties mogelijk te maken, waardoor tien verschillende typologieën worden gevormd. De gevel heeft een extra laag in de vorm van zelfdragende balkons met wintertuinen rondom het gehele gebouw. Dit creëert buitenruimte voor de bewoners, maar ook diepte en expressie in het gevelbeeld.

Vanwege de aanhoudende stijging van de woningprijzen voelen veel inwoners van Noord zich steeds verder weggedrukt doordat bouwprojecten in de wijk slechts toegankelijk zijn voor kapitaalkrachtige huurders en kopers. Toch komen enkele appartementbewoners in dit complex oorspronkelijk uit Amsterdam-Noord. Met het café in de plint heeft Stories de ambitie om de verbinding te zoeken met de buurt.

Twaalfde, elfde, tiende, derde verdieping, begane grond/Twelfth, eleventh, tenth, third, ground floor

1   hoofdentree/main entrance
2   hal/hall
3   commerciële ruimte/commercial space
4   verhalencafé/stories café
5   ingang parkeren/car park entrance
6   parkeren/car park
7   gemeenschappelijk binnenruimte/communal space
8   dakterras/roof terrace
9   zonnepanelen/solar panels
10 balkon met wintertuin/balcony with winter garden
11 appartement/apartment
12 maisonnette/maisonette

Doorsnede/Section

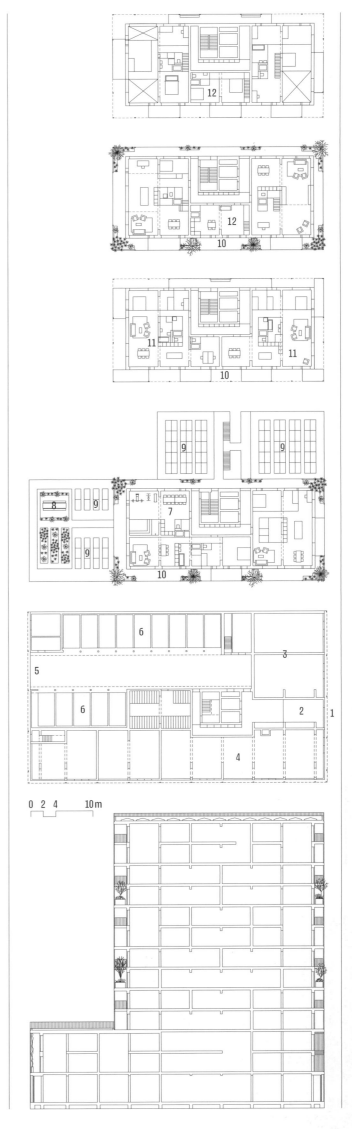

0 2 4   10m

Situatie/Site plan
A   Ridderspoorweg
B   Johan van Hasseltkanaal

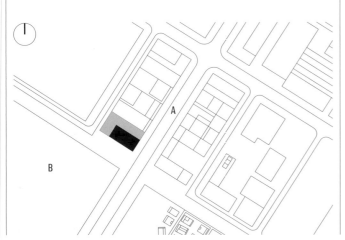

Stories

Amsterdam
Client: Bouwgroep CPO Samenwerkers BSH20A, Amsterdam

Stories, which stands on one of the designated self-build parcels of land in the former industrial area of Buiksloterham, was collectively developed by the owners. It is a multifunctional building containing 26 apartments plus a roof terrace and a communal space. The ground level of the three-storey podium contains a car park, five spaces for services and a 'stories' café.

The Stories' design is an elaboration of the 'open building' concept. The construction is a combination of concrete in the podium and cross-laminated timber above that. Some of the apartments (varying in size from 43 to 185 m²) are double-height lofts. Many units incorporate workspaces, creating live-work combinations and delivering ten different typologies. All four elevations are wrapped in an added layer of self-supporting steel balconies with winter gardens. This provides outdoor space for the residents but also depth and expressiveness in the facade.

Owing to the relentless rise in house prices, many residents of Amsterdam-Noord feel they are being pushed further and further away because local building projects are only affordable by affluent renters and buyers. Nevertheless, several of the apartment owners in this building are local to the area. The street-level café makes it clear that Stories is keen to engage with the neighbourhood.

Foto's/Photos: **Thijs Wolzak**

**Eerste verdieping, begane grond/
First, ground floor**
1 entree/entrance
2 aula/auditorium
3 podiumtrap/staircase-cum-
  tiered seating
4 keuken/kitchen
5 speellokaal/play room
6 klaslokaal/classroom
7 gang/corridor
8 kantoor/office
9 bibliotheek, mediatheek/
  library, multimedia centre
10 gymzaal/gym
11 kleedkamer/changing room
12 doucheruimte/showers
13 berging/storage
▢ nieuw/new

Doorsneden/Sections

0   5   10   25 m

**Osdorp, de H-school aan de/
the H school on Koos Vorrinkweg,
Amsterdam 1983**
Foto/Photo: Stadsarchief Amsterdam

Situatie/Site plan
A Pieter Calandlaan
B Koos Vorrinkweg
C Hoekenesgracht

Moke Architecten

De Wereldburger

Amsterdam
Opdrachtgever: gemeente Amsterdam

Het oorspronkelijke gebouw van basisschool De Wereldburger heeft een H-vormige plattegrond, typerend voor de weder-opbouwarchitectuur. De toevoeging van gevelisolatie en kunst-stof kozijnen in de jaren 1980 is eveneens typerend voor die tijd. Moke Architecten heeft het gebouw op een eigentijdse manier getransformeerd. De betonstructuur wordt nu benadrukt door gouden aluminium gevelbekleding. De nieuwe delen van het gebouw, zoals aula en klaslokalen, zijn uitgevoerd in hout. Hier-door is een heldere leesbaarheid van het gebouw ontstaan. Grote ramen zorgen voor veel licht en een gevoel van verbinding met buiten. De klaslokalen liggen aan drie meter brede gangen waar ruimte is voor leerplekken en speelhoekjes. Opvallend in het hart van het complex is de aula met een grote podiumtrap. Deze gemeenschappelijke ruimte wordt gebruikt voor bijeen-komsten en feesten. Ook alle andere gemeenschappelijke functies grenzen aan deze ruimte, zoals een keuken waar ouders kunnen koken en kunnen samenkomen. Overal in de school is hout toegepast, voor trappen, kasten, deuren, keukeninrichting en kapstokken. Het hout komt voor een groot deel uit gesloopte gebouwen elders: de vloer van de aula uit een afgebroken gym-zaal en de trap uit het Tripolisgebouw van Aldo van Eyck. Deze interieurelementen zijn goed ingepast en gaan op geen enkele plek in het gebouw ten koste van het gehele beeld.

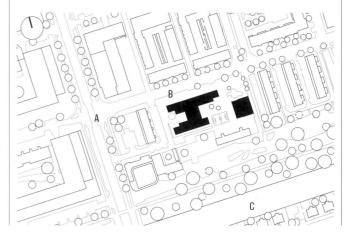

De Wereldburger

Amsterdam
Client: gemeente Amsterdam

De Wereldburger primary school's original building has an H-shaped plan that is typical of post-war reconstruction architecture. The addition of facade insulation and synthetic window frames in the 1980s is similarly typical of that era. Moke Architects have in turn transformed the building according to the current fashion. The concrete structure is now emphasized by gold-coloured aluminium facade cladding. New additions, like the auditorium and classrooms, are in wood. The result is a chronologically legible building.

Large windows flood the interior with light and create a feeling of being connected to the outside world. The classrooms line three-metre-wide corridors with space for small teaching and play areas. In the heart of the complex is the auditorium with an impressive staircase-cum-tiered seating. This shared space is used for assemblies and social events. All the other shared facilities, such as a kitchen where parents can cook and get together – border this space. Wood has been used throughout the school – for stairs, cupboards, doors, kitchen fittings and coat hooks. Much of the wood comes from demolished buildings: the floor of the auditorium from a dismantled gym and the staircase from Aldo van Eyck's Tripolis building. These interior elements are well integrated and nowhere do they detract from the overall impression.

Unknown Architects

Foto's/Photos: **Max Hart Nibbrig**

Huis in de Duinen

West-Terschelling
Opdrachtgever: fam. Bachman (particulier)

Als eerste gerealiseerde gebouw van het bureau markeert het Huis in de Duinen op Terschelling de start van Unknown Architects. Het vakantiehuis staat aan de rand van een Natura 2000-gebied. Steeds vaker worden hier vakantiewoningen uit de jaren 1960–1980 gesloopt en in een maximaal toelaatbaar formaat teruggebouwd. De opdrachtgever van dit huis is een familie die al drie generaties op deze plek zijn vakantie doorbrengt. Mede daardoor hadden zij een duidelijk idee over wat voor architectuur hier zo passend mogelijk is. Unknown Architects maakte een op het landschap gericht ontwerp, waarbij ze op een beperkt oppervlak zoveel mogelijk ruimtelijke kwaliteit wilden creëren. Een gebouw dat bescheiden in het landschap ligt, maar toch uitgesproken is in de architectuur.
Het grootste deel van het programma is ingegraven. Van een afstand lijkt het een eenlaags gebouw, maar van dichtbij is ook het souterrain zichtbaar met twee slaapkamers, een badkamer, opslag en technische ruimte. Betonnen damwanden houden het zand tegen en laten daglicht toe in het souterrain.
De materialen van de vakantiewoning passen bij de omgeving van zand en helmgras en verouderen mooi. Zo is alles onder het maaiveld gemaakt van gepigmenteerd beton en alles erboven uitgevoerd in kruislaaghout. De gevel bestaat bijna volledig uit vensters, die met luiken afsluitbaar zijn, en biedt een panoramisch uitzicht. Het tentvormige dak van Accoyahout is asymmetrisch, waardoor de woning vanuit de omgeving van alle kanten een ander aanzicht heeft.

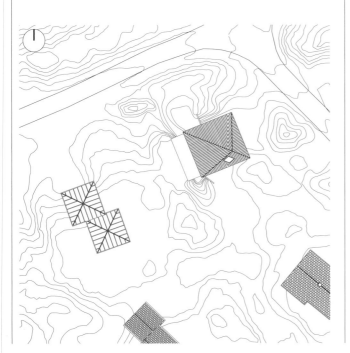

Doorsneden/Sections

Begane grond, souterrain/
Ground floor, basement
1   entree/entrance
2   woonkamer/living room
3   slaapkamer/bedroom
4   keuken/kitchen
5   badkamer/bathroom
6   werkkamer/study
7   opslag/storage
8   terras/terrace

Situatie/Site plan

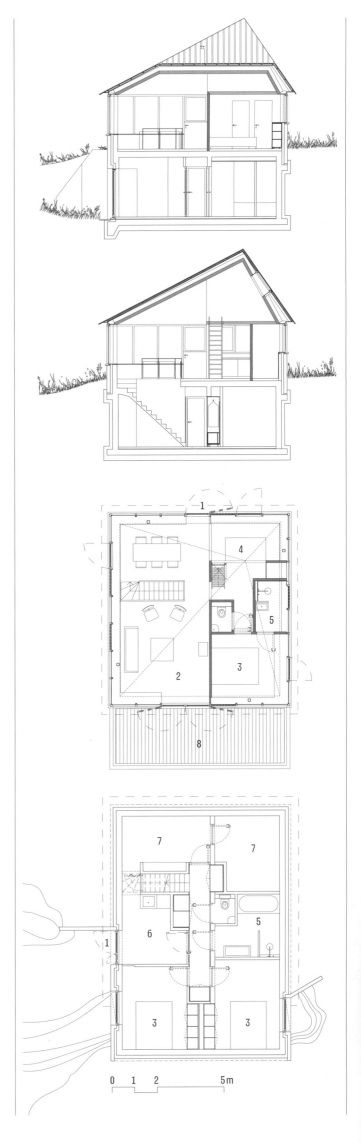

0   1   2   5m

Huis in de Duinen

West-Terschelling
Client: fam. Bachman (private)

Huis in de Duinen (House in the Dunes), the architects' first realized work, marks the launch of Unknown Architects. The holiday home is hunkered down on the edge of a Natura 2000 conservation area, where more and more holiday homes from the 1960s to 1980s are being demolished and rebuilt to the maximum permissible size. The client of this house is a family that has been holidaying here for three generations, which is why they had a very clear idea of the most appropriate kind of architecture for the area. Unknown Architects produced a landscape-sensitive design geared to creating the maximum spatial quality on a limited surface area: a building that sits modestly in the landscape yet is architecturally distinctive.

The major part of the programme is below grade. From a distance it looks like a single-storey building, but closer to the basement containing two bedrooms, a bathroom, storage space and plant room, becomes visible. Concrete retaining walls hold back the sand and let daylight penetrate the basement.

The materials used in the holiday home are well suited to the sand and marram grass surroundings and will age attractively. Everything below ground level is made of pigmented concrete and everything above of cross-laminated timber. The elevation is almost entirely made up of windows that provide panoramic views and can be closed off with shutters. Thanks to the asymmetric, tent-shaped Accoya wood roof each side of the house has a different appearance.

Bouwen in hout: een revolutie?

In gesprek met Jan Nauta en Do Janne Vermeulen

Building in wood: a revolution?

In conversation with Jan Nauta and Do Janne Vermeulen

Architect Jan Nauta (1982) is oprichter van Studio Nauta. Hij is opgeleid aan de Architecture Association in Londen. In 2018 won Nauta de Abe Bonnema Prijs voor Jonge Architecten. Studio Nauta bouwt de helft van de projecten in hout. Ook is Nauta initiatiefnemer van Treetek, een bouwbedrijf gespecialiseerd in hout gevestigd in Arnhem.

Do Janne Vermeulen (1977) is architect-directeur en oprichter van Team V Architectuur. Ze is opgeleid aan de Bartlett School of Architecture in Londen. Team V bouwt een aantal complexe grote projecten in hout. Het werk van bureau is verzameld in *Architecture & Argument. Team V Architecture* (2019), onder redactie van Hans Ibelings.

Architect Jan Nauta (b. 1982) is the founder of Studio Nauta. He studied at the Architecture Association in London. In 2018 Nauta won the Abe Bonnema Prize for Young Architects. Half of Studio Nauta's projects involve wood and Nauta is also the driving force behind Treetek, an Arnhem-based building company specializing in timber construction.

Do Janne Vermeulen (b. 1977) is the founder and architect-director of Team V Architectuur. She studied at the Bartlett School of Architecture in London. Team V has built a number of large, complex projects in wood. The practice's body of work has been collected in *Architecture & Argument. Team V Architecture* (2019), edited by Hans Ibelings.

Bouw van woontoren Stories in Amsterdam, ontwerp Olaf Gipser Architects

Construction of Stories apartment tower in Amsterdam, design by Olaf Gipser Architects
Foto/Photo: Heutink Groep

Eeuwenlang was hout hét constructiemateriaal in de Nederlandse architectuur. Tot zo'n honderd jaar geleden voor het eerst draagconstructies in beton en staal werden gerealiseerd. Na de Tweede Wereldoorlog schakelde de bouwindustrie hier volledig op over, waardoor generaties architecten nauwelijks in hout bouwden. Nu de klimaatcrisis tot een herbezinning op het bouwproces dwingt, gloort houtbouw als laaghangend fruit aan de horizon. Tussen de inzendingen voor het jaarboek neemt het aantal in hout gerealiseerde projecten jaar op jaar toe. Ook veel grote bouwbedrijven zeggen het afval en de talloze vrachtbewegingen van traditionele bouwplaatsen vaarwel en kiezen voor hout. Staan we in Nederland aan het begin van een houtrevolutie?

Met deze vraag gingen redactieleden Uri Gilad en Teun van den Ende in gesprek met Jan Nauta en Do Janne Vermeulen. Beide architecten hebben ruime ervaring met bouwen in hout, dat vaak in combinatie met andere materialen wordt toegepast. School by a School in Leeuwarden van Studio Nauta is daar een voorbeeld van in dit jaarboek, naast woongebouw Stories van Olaf Gipser Architects, schoolgebouw De Wereldburger van Moke Architecten en het Huis in de Duinen van Unknown Architects. Woontoren HAUT, in maart 2022 opgeleverd naar ontwerp van Team V, is ook door de redactie bezocht.

Constructies van massief hout leveren een korter bouwproces op en zijn milieuvriendelijker omdat ze CO_2 opslaan. Deze bouwwijze was in vergelijking met beton en staal relatief duur, waardoor er in Nederland nog weinig mee is gebouwd. In de afgelopen jaren is er een kentering gaande: de realisatie van diverse houten gebouwen toont aan dat het materiaal qua bouwkosten de concurrentie aankan met beton en staal. Do Janne Vermeulen is voorvechter van houtbouw, maar in tegenstelling tot sommige andere architecten is het voor haar geen heilige graal: 'Ik zie het als een van de grootste klappers die je kunt maken om duurzaam te bouwen.'

Jan Nauta raakte al in het tweede project van zijn bureau, een woning in Friesland, in de ban van de mogelijkheden van hout, ondanks dat het ontwerp enorm veel voorbereidingstijd kostte: 'Maar toen de vrachtauto uit Oostenrijk er eenmaal was, stond het huis er in een week. Het viel me op dat de akoestiek en luchtvochtigheid meteen in orde waren. De tactiele en bouwfysische kwaliteiten – je wilt het hout graag aanraken – leveren direct een gezond leefmilieu op.'

Los van de kwaliteiten van het materiaal zelf, herkende Nauta in houtbouw een potentie om zijn positie als architect in het bouwproces te vergroten: 'Architecten kunnen houtconstructies zelf modelleren. Dat biedt ook de kans plattegronden te vernieuwen.' Voor alle partijen in de bouwkolom valt er nog veel te leren over houtbouw. Dat levert een gelijker speelveld op, in tegenstelling tot beton en staal, waarin aannemers de regie hebben: 'Een bouwtekening gaat direct naar fabriek waar een CNC-frees het hout bewerkt tot een eindproduct. Dat is echt een ander proces in vergelijking met betonbouw, waar er ook bij prefabricatie nog een bekisting aan te pas komt.'

Expressie

Vragen houtconstructies ook om een andere benadering van het ontwerp, vergeleken met beton en staal? Vermeulen: 'Bij hout en staal ontwerp je als architect vaak zichtbare verbindingen, in beton niet. De verbindingen zitten in de wapening die daarna onzichtbaar wordt. Toch hou ik ook van prachtige betonconstructies.' Ze verwijst naar de architectonische expressie die architecten zochten kort na de overgang van hout- naar betonconstructies in het interbellum. De bouwpraktijk is zodanig veranderd dat de middelen tot expressie nu vaak op andere vlakken liggen. In combinatie met de digitalisering van de ontwerppraktijk levert het gebruik van hout kansen op voor architectonische expressie: 'Er zijn geen mallen of walsen meer nodig, waardoor een kolom-balkstructuur

---

For centuries wood has been the construction material of choice in Dutch architecture. Until about a hundred years ago, that is, when the first load-bearing structures in concrete and steel were realized. After the Second World War the entire building industry switched to these materials and generations of architects rarely got to build in wood anymore. Now, with the climate crisis forcing a reconsideration of the building process, timber construction beckons invitingly as the obvious solution. Among the projects submitted for the yearbook, the percentage involving timber construction has been rising year on year. Many big construction companies are also bidding farewell to the waste and the countless transport movements that characterize the traditional building site and opting for wood instead. Is the Netherlands on the cusp of a wood revolution?

With this question in mind, yearbook editors Uri Gilad and Teun van den Ende went to talk to Jan Nauta and Do Janne Vermeulen. Both architects have considerable experience of building in wood, often in combination with other materials. Studio Nauta's School by a School in Leeuwarden is one example in the current yearbook, alongside the Stories apartment building by Olaf Gipser Architects, De Wereldburger school by Moke Architecten and the House in the Dunes by Unknown Architects. The editors also visited Team V's HAUT apartment building in Amsterdam, which was completed in March 2022.

Solid timber construction results in a shorter construction process and is more eco-friendly because it absorbs carbon dioxide. In the past, it was relatively expensive compared with concrete and steel, with the result that there was very little timber construction in the Netherlands. Recent years have seen a gradual turnabout: the realization of several timber buildings has demonstrated that the material can compete financially with concrete and steel. Do Janne Vermeulen is a strong supporter of timber construction, but unlike some other architects does not regard it as the holy grail: 'I see it as one of the biggest contributions you can make to sustainable building.'

Jan Nauta was captivated by the possibilities offered by wood in only his second project, a house in Friesland, despite the huge amount of preparation that went into the design: 'But once the lorry arrived from Austria, the house was built in a week. I was struck by the fact that the acoustics and humidity were immediately right. The tactile and building physics qualities – you just want to touch the wood – deliver a healthy living environment from the word go.'

Apart from the intrinsic properties of the material, what Nauta recognized in timber construction was its potential to enhance his position as architect in the building process: 'Architects can model timber constructions themselves. And that provides an opportunity to be innovative with floor plans.' All parties to the construction process still have a lot to learn about timber construction. That means a more even playing field, in contrast to concrete and steel construction where contractors are in charge: 'A timber construction drawing goes directly to the factory where a CNC milling machine turns the wood into an end product. That is a completely different process compared with concrete construction where even prefabrication requires formwork.'

Expression

Do timber constructions also require a different design approach compared with concrete and steel? Vermeulen: 'With timber and steel the architect often designs visible connections, but not in concrete. There the connections are invisibly embedded in the reinforcement. But I admire beautiful concrete structures as well.' She is referring to the architectural expression architects strove to achieve after the switch from timber to concrete in the interwar years. Building practice has changed so much since then that the means of expression often lie elsewhere. When combined with the digitization of design practice, the use of wood offers opportunities for architectural expression: 'There's no need anymore for moulds or rolling, so a column and beam structure

Bouw van houten woningen Garden with Housing in Amersfoort, ontwerp Studio Nauta
Construction of Garden with Housing timber dwellings in Amersfoort, design by Studio Nauta
Foto/Photo: Max Hart Nibbrig

Bouw van nieuw tussendeel basisschool De Wereldburger in Amsterdam, ontwerp Moke Architecten
Construction of new intermediary section of De Wereldburger primary school in Amsterdam, design by Moke Architecten
Foto/Photo: Gianni Cito

van verdieping tot verdieping kan verjongen. Dat zou je in staal of beton niet zo snel doen.'

De mogelijkheden voor expressie zijn in de huidige tijd echter beperkt. Terwijl veel twintigste-eeuwse betonnen gebouwen expressieve gevelconstructies laten zien, schrijft de optelsom van technische en thermische voorwaarden nu voor dat deze volledig ingepakt worden. De stevige maat van houtconstructies is daarom vooral in interieurs te beleven en dan vooral in gebouwen met grote overspanningen. Dat de mogelijkheden nog niet benut worden, komt volgens Vermeulen doordat de transitie nog maar net op gang gekomen is: 'De huidige duurzame transitie waar houtbouw onderdeel van is, zou op een meer existentiële manier in ons denken en ontwerpen moeten zitten.'

Enorme neggen

Vooralsnog eisen houten bouwprojecten in Nederland op andere manieren aandacht op. In sommige projecten gebeurt dat met opvallende naamgeving, zoals Robin Wood, een woningbouwproject op IJburg. De woontoren die Team V in Amsterdam ontwierp, kreeg al heel vroeg de naam HAUT. Wat vindt Vermeulen van deze tendens? 'Alleen met een beeld red je het, mijns inziens terecht, allang niet meer. Daarom vertellen we tegenwoordig verhalen om een gebouw heen. Je kunt daar cynisch over doen, maar als je het serieus neemt dan kan je je rol als architect vergroten. Op voorwaarde dat het verhaal ook echt in de genen van het ontwerp zit, natuurlijk.'

Bij HAUT was het oorspronkelijke doel een heel duurzaam en tegelijkertijd hoogwaardig hoogbouwproject met veel woonkwaliteit. In combinatie met de hoogte van eenentwintig verdiepingen viel de keuze op een hybride constructie. De kelder en kern zijn van beton, de wanden en vloeren van de woningen van kruislings verlijmd hout (CLT). De gevels zijn niet dragend, wat bijzonder is voor zo'n hoog gebouw. De mate waarin hout zichtbaar is, is voor Vermeulen minder relevant dan de naam

can taper from floor to floor. That's something you wouldn't attempt so readily in steel or concrete.'

Today, however, the possibilities for expression are constrained. While many twentieth-century concrete buildings feature expressive facade designs, current technical and thermal requirements now dictate that they be fully enveloped. Thus the robust dimensions of timber constructions are mainly to be experienced in interiors and even then primarily in buildings with long spans. According to Vermeulen, the reason why the possibilities are yet to be exploited lies in the fact that the transition has only just begun: 'The current sustainable transition that timber construction is part of needs to be more existentially anchored in our thinking and designing.'

Deep reveals

For the time being, timber construction projects in the Netherlands are capturing attention in other ways. In some cases by way of a striking name, such as Robin Wood, a housing development in IJburg. Team V's apartment tower in Amsterdam was immediately dubbed HAUT (a play on the Dutch word for wood and the French word for tall). What does Vermeulen think about this tendency? 'An image alone doesn't cut it anymore, and rightly so in my view. So nowadays we weave stories around a building. You can be cynical about that, but if you take it seriously

you can enhance your role as architect. Always provided that the story is actually present in the genes of the design, of course.'

In the case of HAUT, the original aim was to build a very sustainable, but also high-quality, high-rise project with a wealth of residential amenity. That, in combination with the twenty-one storey height, inspired the choice of a hybrid construction. The basement and core are made of concrete, the walls and floors of the apartments of cross-laminated timber (CLT). The elevations are not load-bearing, which is unusual for such a tall building. The degree to which wood is visible is less relevant for Vermeulen than the project's name might suggest: 'Even if you see no wood at all, I regard the project as successful if it emits less CO_2, entails fewer transport movements and is realized in a shorter construction period.' That doesn't mean that Team V didn't make good use of the qualities of wood. Vermeulen extols the thickness of the timber walls: 'You get very deep reveals, it feels as if you're walking through a canal house. In timber construction you start thinking about quality again, a refreshing change for an architect.'

Demand and supply

Might the transition stall due to the current high price of wood? That depends on construction companies and politicians, according to Vermeulen: 'There's an urgent need for a closer correlation between demand and supply. That's what makes the goal set by the Amsterdam Metropolitan Region to build 20 per cent of all projects in wood by 2025 so important. The long-term stimulus has to come from the government.' It would also help if the outdated regulations governing sustainable building were to change. The current sustainability labels – BREEAM, NZEB (Nearly Zero-Energy Buildings) and EPB (Environmental Performance Building) – lag behind developments in the market. But it is not always the sustainability benefits that tip the balance in favour of wood, as Vermeulen explains with reference to Team V's office for DPG Media in the OverAmstel business park, due

van het project doet vermoeden: 'Al zie je helemaal geen hout, dan is het project voor mij alsnog geslaagd als het minder CO_2 uitstoot, minder transportbewegingen oplevert en in een kortere bouwtijd is gerealiseerd.' Dat betekent niet dat Team V de kwaliteiten van hout niet heeft benut. Vermeulen roemt de dikte van de houten wanden: 'Je krijgt enorme neggen, het voelt alsof je door een grachtenpand loopt. In houtbouw ga je opnieuw nadenken over kwaliteit, een verademing voor een architect.'

Vraag en aanbod

Zou de transitie door de huidige hoge prijs van hout nog kunnen stokken? Dat is afhankelijk van bouwbedrijven en politiek, stelt Vermeulen: 'Vraag en aanbod moeten nu wel snel dichter naar elkaar toe gaan. Daarom is het doel van de MRA [Metropoolregio Amsterdam] om in 2025 20 procent van alle projecten in hout te realiseren, heel belangrijk. De langetermijnstimulans

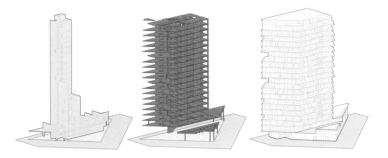

Hybride constructie, van links naar rechts: beton, hout, glas

Hybrid construction, from left to right: concrete, wood, glass

Team V, woontoren HAUT, Amsterdam

Team V, HAUT apartment tower, Amsterdam
Foto/Photo: Jannes Linders

moet van de overheid komen.' Ook zou het helpen als de verouderde regelgeving voor duurzaam bouwen zou veranderen. De huidige labels voor duurzaamheid, BREEAM, BENG (Bijna Energieneutrale Gebouwen) en de MPG (MilieuPrestatie Gebouwen), lopen achter op de ontwikkelingen in de markt. Maar duurzaamheidsvoordelen geven niet per definitie de doorslag in de keuze voor hout, legt Vermeulen uit aan de hand van het kantoor voor DPG Media in bedrijvenpark OverAmstel, een ontwerp van Team V met geplande oplevering in 2024. Daar was het namelijk de kortere bouwtijd die de opdrachtgever overtuigde.

De toekomst voor houtbouw is, ondanks de huidige economische onzekerheden, dus veelbelovend, vindt ook Nauta: 'Partijen zijn nu al bereid om twee of drie procent extra te betalen om te bouwen in hout. Ze willen kennis ontwikkelen omdat ze anders straks achterop zullen raken. Bovendien zal het bouwen in beton over een jaar of tien ook echt duurder worden, als nieuwe Europees beleid bepaalt dat ook CO_2-uitstoot en transportbewegingen in de prijs gaan meetellen.' Voor het zover is ziet Nauta, ironisch genoeg, een gevaar in het sterke narratief dat hout momenteel heeft. Hoewel er, met name in de grote steden, met kwaliteit in hout gebouwd wordt, ziet hij in kleinere kernen dat minder sterke projecten er doorheen glippen. Simpelweg omdat het voornemen om te bouwen in hout opdrachtgevers en welstandscommissies al overtuigt. Vermeulen ziet ook veel tekentafelprojecten in hout langskomen en sluit zich aan bij de zorg van Nauta: 'De architect draagt een enorme verantwoordelijkheid om niet met mindere architectuur te eindigen. Hout mag geen goedmaker zijn voor ondoordachte plannen.'

to be completed in 2024. There it was the shorter construction period that ultimately swayed the client.

Notwithstanding the current economic uncertainties, Nauta, too, is optimistic about the future of timber construction: 'Parties are already prepared to pay two or three per cent more to build in wood. They're keen to develop expertise because otherwise they'll end up being left behind. Besides, in ten or so years' time building in concrete will be a lot more expensive if new EU policy dictates that carbon emissions and transport movements be counted in the price.' Until then the danger, as Nauta sees it, ironically lies in wood's current strong narrative. Although there are high-quality timber structures being built, especially in the big cities, in the smaller centres he is seeing less convincing projects slipping through, simply because the mere ambition to build in wood is enough to win over clients and design review committees. Vermeulen, too, sees a lot of drawing-board projects in wood and shares Nauta's concern: 'The architect bears a huge responsibility not to end up with inferior architecture. Wood cannot be allowed to redeem poorly-thought-out plans.'

Foto's/Photos: **Kees Hummel**

Studio Libeskind i.s.m. with Rijnboutt

Doorsneden/Sections

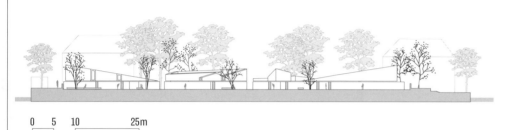

0 5 10   25m

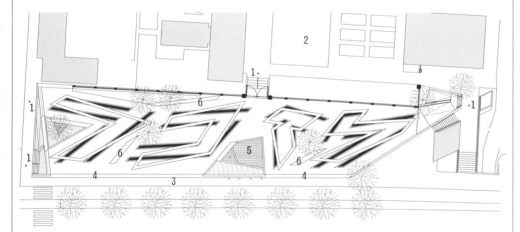

Nationaal Holocaust Namenmonument

Amsterdam
Opdrachtgever: Nederlands Auschwitz Comité, Amsterdam

Aan de Weesperstraat is een monument ter nagedachtenis van de meer dan 102.000 gedeporteerde Nederlandse Joden, Roma en Sinti verschenen. De locatie is bewust gekozen, de straat vormde voor de Tweede Wereldoorlog het bedrijvige centrum van de Amsterdamse Jodenbuurt. Ondanks kritiek van omwonenden op onder meer de omvang van het ontwerp, zijn de architect en de opdrachtgever erin geslaagd een plek van grote betekenis te creëren.

De architectuur draagt de betekenis van het monument op twee niveaus uit. Tot een hoogte van twee meter zijn op bakstenen de alfabetisch gerangschikte namen van de slachtoffers vermeld, met de leeftijd van overlijden. Het confronteert bezoekers met de enorme hoeveelheid jonge slachtoffers. Het tweede niveau van betekenisgeving is alleen van bovenaf zichtbaar: het monument schrijft 'in memoriam' in het Hebreeuws. Doordat de letters scherpe en stompe hoeken creëren en de omgeving telkens anders weerspiegelen, dringt de stad steeds vanuit een andere hoek het bouwwerk binnen. Zo ontstaan er zowel intieme als open plekken, die de buitenwereld naar binnen trekken. Spiegelende punten priemen de lucht in. Deze zijn uit één stuk geprefabriceerd om naden te voorkomen, een voorbeeld van de aandacht voor detail waarin het ontwerp uitblinkt.

Het monument is met een poort vanuit de Hoftuin van het Weesperplantsoen ontsloten, maar veel bezoekers wandelen vanaf de iets hoger gelegen straat naar binnen. Binnen enkele seconden staan zij in relatieve beslotenheid oog in oog met de gruwelijke geschiedenis, wat een uitzonderlijke prestatie is midden in de drukke Amsterdamse binnenstad.

Plattegrond/floor plan
1   entree/entrance
2   Hoftuin/Hoftuin garden
3   trottoir/footpath
4   haag/hedge
5   gedenkplein/memorial square
6   zitbank/bench

Situatie/Site plan
A   Weesperstraat
B   Keizersgracht
C   entree metro/metro entrance
     Nieuwe Herengracht
D   Hermitage Amsterdam
E   Hoftuin/Hoftuin gardens
F   Joods Museum/Jewish Museum
G   Portugese Synagoge/
     Portuguese Synagogue

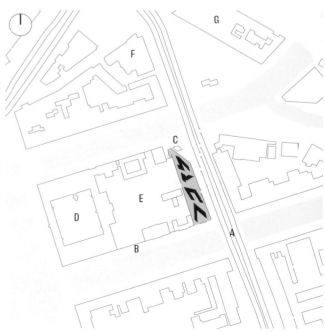

Foto/Photo: **Studio Libeskind & Rijnboutt**

National Holocaust Names Memorial

Amsterdam
Client: Nederlands Auschwitz Comité, Amsterdam

A monument to the more than 102,000 Dutch Jews, Roma and Sinti deported during the Second World War recently emerged on Amsterdam's Weesperstraat. The choice of location was deliberate; before the war the street was the bustling heart of Amsterdam's Jewish quarter. Criticism from local residents about the size of the monument notwithstanding, the architect and the client have succeeded in creating a site of profound significance.

The architecture conveys that significance on two levels. The first is a two-metre-high wall of bricks bearing the alphabetically arranged names of victims, together with their age at the time of their death, thereby confronting visitors with the high number of young victims. The second level of signification is only visible from above: the four volumes spell out 'in memoriam' in Hebrew. Because the mirror-finished 'letters' describe acute and obtuse angles and reflect the surroundings differently, the city penetrates the structure from multiple directions, creating both intimate and open places that draw the outside world inside. The reflective stainless steel points piercing the air were prefabricated in one piece to avoid seams, just one example of the unrivalled attention to detail in this design. The monument is accessible via a gateway from the Hoftuin gardens, but many visitors wander in from the slightly higher street. In a few seconds they find themselves in relative seclusion, face to face with a horrifying history – quite an achievement in Amsterdam's bustling city centre.

Foto's/Photos: **Max Hart Nibbrig**

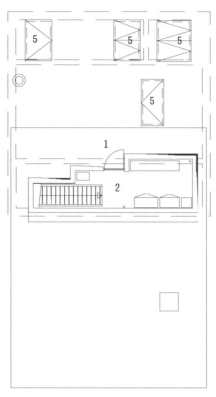

0   2   4   10 m

Plattegrond/floor plan
1   entree/entrance
2   serviceruimte/service room
3   pompen/pumps
4   sedum dak/sedum roof
5   ontluchtingsluik/ventilation hatch

Doorsneden/Sections

Situatie/Site plan
A   President Kennedylaan
B   Maasstraat
C   Kennedy-monument/
    Kennedy Memorial
D   plantsoen/public green space

President Kennedylaan gezien richting
het oosten/looking east, Amsterdam,
1969
Foto/Photo: Stadsarchief Amsterdam

BureauVanEig

Eindgemaal Rivierenbuurt

Amsterdam
Opdrachtgever: Waternet, gemeente Amsterdam

Aan de President Kennedylaan in de Amsterdamse Rivierenbuurt is als sluitstuk van de vervanging van de riolering een
eindgemaal gebouwd. De pompen staan meters onder de grond,
alleen voor de aansturing van het gemaal was een bovengrondse
behuizing nodig. De locatie is stedenbouwkundig van belang:
het is de overgang tussen Berlages Plan Zuid en het Algemeen
Uitbreidingsplan (AUP) van Van Eesteren.
Monumentale bomen sieren het plantsoen en werken als
groene buffer in de stenige stadsomgeving. Het ontwerp van het
gemaal moest zo veel mogelijk opgaan in de omgeving en zich
tegelijkertijd kunnen meten met de rijk gedetailleerde architectuur van Plan Zuid. De architectonische en stedenbouwkundige
uitgangspunten zijn uitgedrukt in een gevelbekleding van
groengeverfde steen in verschillende metselverbanden en
vlakverdelingen.
Het ontwerp speelt nadrukkelijk in op de locatie in een woon-
omgeving. Het reliëf in de gevel moet voorbijgangers ontmoedi-
gen het gemaal te bekladden of te bestickeren. In de nacht en op
andere rustige momenten kan het gebouw gekoloniseerd worden
door insecten en amfibieën, die in verschillende sleuven en
kastjes een schuilplaats kunnen vinden. Een bankje dat voor het
John F. Kennedy-monument stond, is in de vorm van een betonnen band opgenomen in de gevel. De aanwezigheid van het
beeld vormde voor opdrachtgever Waternet aanleiding voor de
finishing touch, een spreuk van Kennedy op de gevel, waarvoor
de architect de belettering ontwierp: 'Iedereen die de water-
problemen kan oplossen, zal twee Nobelprijzen waard zijn –
een voor de vrede en een voor de wetenschap.'

End pumping station Rivierenbuurt

Amsterdam
Client: Waternet, gemeente Amsterdam

To cap off a sewer network upgrade in Amsterdam's Rivierenbuurt,
an end pumping station has been built on President Kennedylaan.
The pumps themselves are metres below ground; the above-
ground building is only for the running of the pumping station.
The location, at the transition between Berlage's Plan Zuid (1915)
and Van Eesteren's Algemeen Uitbreidingsplan (AUP, 1934), has
spatial planning significance.
Majestic trees embellish the public green space and act as a green
buffer in the stony urban environs. The pumping station design
was required to blend as much as possible with the surroundings
while also competing with the richly detailed architecture of Plan
Zuid. The architectural and urban design principles find expression
in the facade cladding of green-painted bricks laid in a variety of
bonds and surface compositions.
The design is mindful of the residential location: the relief in the
facade is intended to discourage passers-by from disfiguring the
building with graffiti or stickers. At night and at other quiet periods
the building's many grooves and niches provide a haven for
insects and amphibians. A bench that stood in front of a sculpted
head of John F. Kennedy has been incorporated into the facade as
a concrete band. The statue's presence inspired the client,
Waternet, to add a finishing touch in the form of one of Kennedy's
maxims, in lettering designed by the architect: 'Anyone who can
solve the problems of water will be worthy of two Nobel prizes –
one for peace and one for science.'

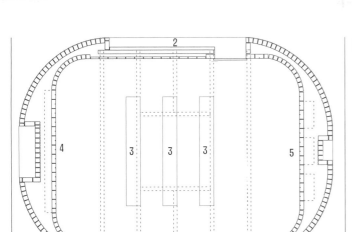

Foto's/Photos: **Thijs Wolzak**

Kossmann-dejong & Loerakker Olsson Architecten

Plattegrond/floor plan

1 entree/entrance
2 plattegrond begraafplaats/
plan of cemetery
3 zitbank/bench
4 muur met video/wall with video
5 muur met vitrines/
wall with display cases
6 wastafel/sink

Doorsnede/Section

0 1 2   5m

Situatie/Site plan

A Amstel
B Kerkstraat
C Rondehoep Oost
D Begraafplaats
E paviljoen/pavilion

Beth Haim

Ouderkerk aan de Amstel
Opdrachtgever: Stichting Cultureel Erfgoed Portugees-Israëlietische Gemeente, Amsterdam

Midden in Ouderkerk aan de Amstel ligt de vier eeuwen oude Sefardische begraafplaats Beth Haim, of 'Huis des levens'. De ligging aan de Amstel is geen toeval, vroeger werden doden uit Amsterdam over het water vervoerd. Veel van de 28.000 graven zijn in de drassige veenpolder weggezonken, een aantal fraaie grafstenen van Carrara-marmer uitgezonderd. Een van de oudste graven stamt uit 1629 en is van Elieser, een zwarte man die de rijke koopman Paulo de Pina diende. De jaarlijkse Keti Koti-viering in Ouderkerk aan de Amstel vindt, niet toevallig, op Beth Haim plaats.

In een klein paviljoen dat tegelijk entree, tentoonstellingsruimte en wegwijzer is, kunnen bezoekers een duik in de indrukwekkende geschiedenis van de plek nemen.

De blikvanger is een uit marmer gesneden plattegrond van de begraafplaats die in de gevel verzonken ligt. Na een wandeling over het terrein kan men aan een wastafel volgens Joods ritueel de handen reinigen. De toegepaste materialen (steen, marmer en, voor de deuren, messing) zijn ontleend aan de omgeving en bepaald in nauwe samenspraak met de opdrachtgever, de Portugees-Israëlietische Gemeente.

Binnen worden bezoekers onthaald op een film en bieden kunstvoorwerpen inzicht in de betekenis van de locatie. Zo reconstrueert een kaart van gelaagd glas minutieus de locaties van de verzonken graven. Het paviljoen is, net als de begraafplaats, openbaar toegankelijk en moest daarom robuust zijn. Dat heeft niet geleid tot een hufterproof standaardinterieur, integendeel. Door de witgeglazuurde steen, die vanwege akoestische redenen deels op de kant liggend is toegepast, is het interieur licht en uitnodigend.

Beth Haim
Ouderkerk aan de Amstel

Client: Stichting Cultureel Erfgoed Portugees-Israëlietische Gemeente, Amsterdam

In the centre of Ouderkerk aan de Amstel lies the four-century-old Sephardic cemetery Beth Haim, or 'House of Life'. The location beside the Amstel river is no accident; in the past the dead were carried out of Amsterdam by boat. Many of the 28,000 graves have subsided into the marshy peat polder, save for a few handsome Carrara marble gravestones. One of the oldest graves, dating from 1629, belongs to Elieser, a black man in the service of the merchant Paulo de Pina. Fittingly, the annual Keti Koti (end of slavery) celebrations in Ouderkerk aan de Amstel take place in Beth Haim.

In a small pavilion that serves as entrance, exhibition space and guide, visitors can acquaint themselves with the site's remarkable history. The highlight is an incised marble plan of the cemetery set into the facade. There is also a sink where visitors can wash their hands in accordance with Jewish ritual. The materials used (brick, marble and, for the doors, brass) were derived from the historical context and determined in close collaboration with the client, the Portuguese-Jewish Community.

Inside visitors can watch a film and examine artworks that provide insight into the significance of the location, such as the laminated glass map that meticulously reconstructs the original position of the sunken graves. Since the pavilion, like the cemetery itself, is open to the public, it needed to be fairly robust, but that did not result in a standard, vandal-resistant interior. Quite the reverse: the white glazed bricks, some laid side-on for acoustic reasons, make for a light and inviting interior.

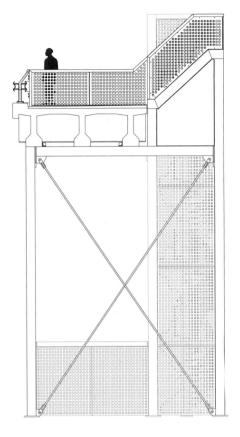

Foto's/Photos: **Siese Veenstra**

Studio L A

Geheugenbalkon

Groningen
Opdrachtgever: Kunstpunt Groningen

Als de zuidelijke Groningse ringweg over enkele jaren ondergronds ligt, dan houdt het Geheugenbalkon de geschiedenis ervan in ere. Het uitkijkpunt is het eerste in een serie van kunstwerken in het nieuwe Zuiderplantsoen, het park dat op de verdiepte ringweg gestalte krijgt.
Tot de jaren 1960 had de locatie een uitgesproken groen karakter. Een sterrenbos in Engelse landschapsstijl, een begraafplaats en een buitenzwembad definieerden de plek. Totdat de stormachtige opkomst van de auto de aanleg van de verhoogde ringweg legitimeerde. Nu wordt de tijd als het ware teruggedraaid en verschiet de omgeving weer van grijs naar groen. Als begeleider van die gedaantewisseling memoreert het Geheugenbalkon in zijn materialiteit een halve eeuw automobiliteit: om het uitkijkpunt te kunnen maken, is een stukje snelweg uitgeknipt. Door de aanwezigheid van asbest kon dat niet letterlijk, dus zijn de liggers waarop het asfalt geplakt zit, gemaakt van gerecycled beton. De vangrail, deels gedeukt, is wel origineel.
Vanaf dertien meter hoogte hebben bezoekers zicht op de bouwput van de verdiepte ringweg. Maar de locatie heeft meer dan dat te bieden: je kunt er tot rust komen tussen de boomtoppen. Het kunstwerk kiest door zijn opstelling richting: de tribune wijst naar het stadscentrum, waar de Martinitoren boven uitsteekt. Vanaf het begin van het proces tot en met de vormgeving dachten bewoners van omliggende wijken met de ontwerpers mee. De staalconstructie zou eerst groen geschilderd worden, totdat zij opperden dat een minder verhullende kleur passender zou zijn. Op het laatste moment is daarom voor signaalrood gekozen.

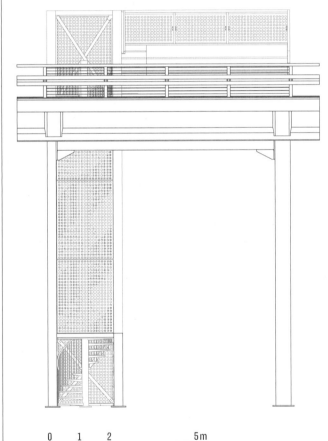

0 1 2   5m

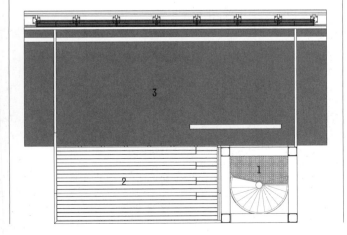

**Doorsnede en vooraanzicht/
Section and front elevation**

Plattegrond/floor plan
1 opgang/stairs
2 zittribune/tiered seating
3 uitkijkbalkon/viewing balcony

Situatie/Site plan
A Ring Zuid
B Hereweg
C Kempkensberg

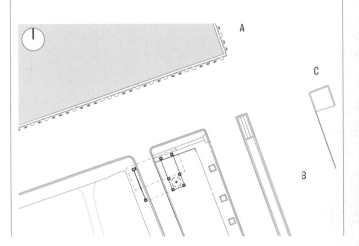

Foto/Photo: **Elzo Dijkhuis**

Geheugenbalkon

Groningen
Client: Kunstpunt Groningen

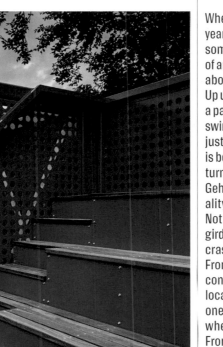

When the southern Groningen ring road runs underground in a few years' time, this Geheugenbalkon (Memory Balcony) will preserve something of its history. The lookout tower is the first in a series of artworks in the Zuiderplantsoen, a new park that is taking shape above the sunken ring road.

Up until the 1960s the area had a distinctly green character with a park in the English landscape style, a cemetery and an outdoor swimming pool. That was until the rapid rise of the automobile justified the construction of the elevated ring road. Now time is being dialled back as it were, and the grey surroundings are turning green again. As witness to that transformation, the Geheugenbalkon recalls fifty years of automobility in its materiality: a piece of the old motorway was used to build the lookout. Not entirely, though, owing to the presence of asbestos; the girders beneath the asphalt are made of recycled concrete. The crash barrier, however, is original, dents and all.

From a height of thirteen metres visitors can look down on the construction site of the sunken ring road or delight in the peaceful location among the treetops. The lookout's placement favours one direction: the tiered step-seats look towards the city centre where the Martini Tower rises above the rest.

From the beginning of the process, including the design, local residents had input into the design. The steel structure was originally to be painted green, until they suggested that a less camouflaging colour would be more appropriate. Which is why, at the last moment, bright red was chosen.

Foto/Photo: **Lorien Beijaert**

Inbo

Foto's/Photos: **Ossip van Duivenbode**

Nationaal Monument Kamp Amersfoort

Leusden
Opdrachtgever: Nationaal Monument Kamp Amersfoort

Omgeven door kantoren, de Politieacademie, een golfbaan en een groot parkeerterrein aan de beboste zuidrand van Amersfoort ligt Nationaal Monument Kamp Amersfoort. Op deze plek zijn in de Tweede Wereldoorlog ruim 45.000 mensen geïnterneerd, van wie er meer dan 600 omkwamen. Omdat het bestaande Corten stalen ontvangstpaviljoen te krap werd voor de 30.000 jaarlijkse bezoekers, is het terrein heringericht en voorzien van een nieuw museumgebouw.

Slechts een wachttoren en een stukje kantoor van de kampcommandant zijn bewaard gebleven. De ontwerpers hebben zo min mogelijk gereconstrueerd, met uitzondering van de poort die toegang geeft tot het terrein. Bij de terreininrichting is nauwgezet rekening gehouden met de indeling en het functioneren van het kamp. Omdat veel overlevenden gruwelijke herinneringen hadden aan het appèl dat drie keer per dag plaatsvond, vormt dat de basis voor de reconstructie: een grid-opstelling van betonnen voetafdrukken getuigt ervan. Het gedenken van de verschrikkingen zet zich in het ondergrondse museum door. De entree van het spiegelende glazen paviljoen leidt langs de restanten van het kantoor van de kampcommandant en de daaronder gelegen kolenkelder. Daarna openbaart zich een langgerekt volume waarin persoonlijke verhalen over de verschrikkingen in het kamp audiovisueel tot leven komen. De tweede helft van de ruimte is niet gericht op herinneren, maar op bezinnen en spiegelen aan de huidige tijd, oorlog en onderdrukking zijn immers niet uit de samenleving verdwenen. De trap die leidt naar de uitgang ligt, tot slot, precies in de monumentale zichtas die uitkomt op de executieplaats in het bos.

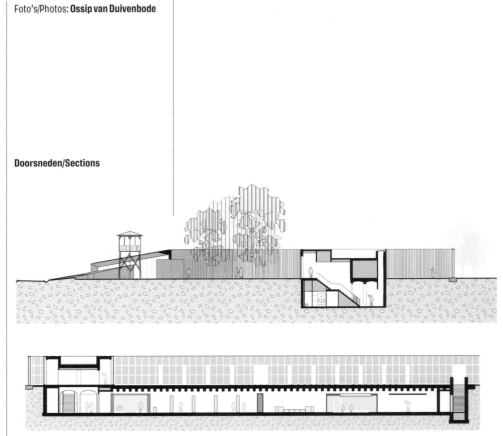

Doorsneden/Sections

Begane grond, souterain/
Ground floor, basement
1   entree museum/museum entrance
2   uitgang museum/museum exit
3   appèlplaats/roll-call area
4   kantoor kampcommandant/
      commandant's office
5   filmzaal/movie theatre
6   tentoonstellingsruimte/
      exhibition space
7   namenwand/wall of names
8   tijdelijke expositie/
      temporary exhibition
9   multimedia
10   bezinningsruimte/contemplation
      room

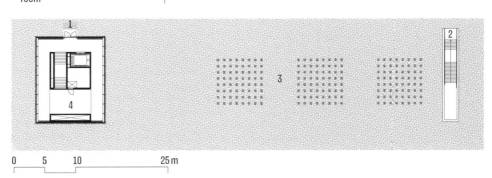

0   5   10   25 m

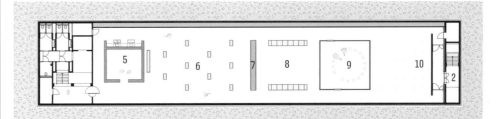

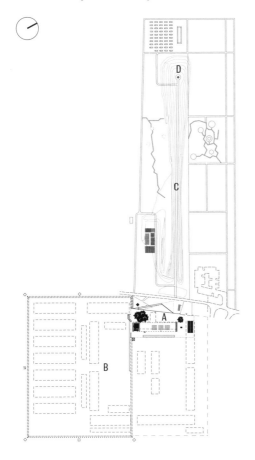

Situatie/Site plan
A   Nationaal Monument Kamp
      Amersfoort
B   oorspronkelijk terrein gevangen-
      kamp/original prison camp grounds
C   schietbaan/shooting range
D   executieplaats/place of execution

Foto's/Photo: **Mike Bink**

Nationaal Monument Kamp Amersfoort

Leusden
Client: Nationaal Monument Kamp Amersfoort

On the wooded southern edge of Amersfoort, encircled by office blocks, the Police Academy, a golf course and a large car park, stands Nationaal Monument Kamp Amersfoort. Of the more than 45,000 people interned here during the Second World War, over 600 died. Because the existing Cor-Ten steel visitor pavilion had become too small for the 300,000 visitors a year, the site was redesigned and provided with a new museum building.
Of the original camp, only the watchtower and a remnant of the camp commandant's office survive, but the designers rejected reconstruction, with the exception of the gateway to the site. The redesign of the grounds takes its cue from the layout and operation of the camp. Because many survivors had terrible memories of the roll-call held three times a day, it formed the basis for the redesign: a grid formation of cement footprints bears witness. The commemoration of the horrors continues in the underground museum. After passing through the entrance to the mirrored-glass pavilion, visitors are led past the remnants of the commandant's office and the coal cellar below. There follows an elongated volume where personal stories of the traumas of camp life are brought to life in audio-visual form. The second half of this space is devoted not to remembering, but to reflecting on the present day; war unfortunately and repression are still very much with us. Finally, the stair leading to the exit lies on the monumental visual axis that ends at the place of execution in the woods.

WDJArchitecten

Tuin van Noord

Rotterdam
Opdrachtgever: HD Groep, Rotterdam

Dankzij de transformatie van een van de oudste gevangenissen in Nederland tot woningen is het ommuurde terrein toegankelijk gemaakt voor de buurt. Dat is toe te schrijven aan de afspraak bij de verkoop in 2011 dat de grond tussen de gevangenismuren als openbare tuin moest worden ingericht. Parkeren kan alleen in een hoek van het terrein, waardoor de tuin autovrij is. Omwonenden kunnen door drie poorten in de gevangenismuur het terrein op. Het ontwerp met vogelmotief van grafisch ontwerper Rob Westendorp is net als veel ingrepen in het gebouw herkenbaar als nieuwe tijdslaag. Om een rondje door de tuin mogelijk te maken, is ook het gebouw doorbroken. Deze opening is opgevuld met lichtgrijs cement en een groot glazen venster in zwart zetwerk.

De kern van het gevangeniscomplex bestaat uit vier cellenvleugels. Omdat de funderingen moesten worden vervangen, zijn de complete vleugels met uitzondering van de gevels gesloopt en van binnenuit weer opgebouwd. In het stramien van de cellen zijn de woningen ontworpen, maar dit heeft niet tot standaardplattegronden geleid: de vrijheid is juist benut om uiteenlopende typologieën te creëren van 60 tot 300 vierkante meter. Om uit die verscheidenheid een visuele eenheid te smeden, zijn de woningen met een zwarte stalen erker op de eerste verdieping aan elkaar verbonden. Overige keuzes refereren nadrukkelijk aan het voormalige gebruik, zo is de verticale roedeverdeling in de ramen een knipoog naar de verwijderde tralies. Ondanks dat veel historisch materiaal van het monument weg is, is het gevangenisverleden nog altijd goed voelbaar.

Begane grond/Ground floor
1 entree/entrance
2 poort/gateway
3 getransformeerde cellenvleugels/
   converted cell wings
4 getransformeerde gevangeniskapel/
   converted prison chapel
5 getransformeerd/converted
   panopticum
6 hof/court
7 vrouwentuin/women's garden
8 parkeren/parking
9 bergingen/storerooms

Foto's/Photos: **Frank Hanswijk**

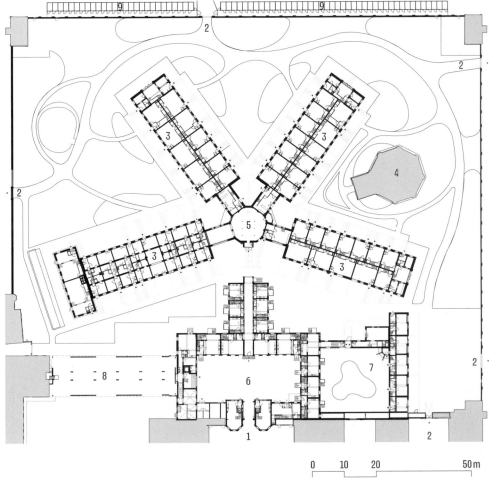

0 10 20   50 m

Situatie/Site plan
A Noordsingel
B Zwart Janstraat
C Burgemeester Roosstraat
D gracht/canal

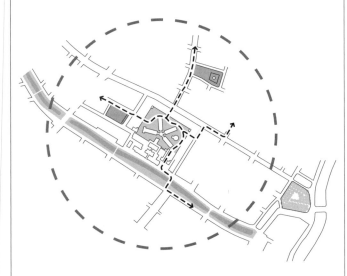

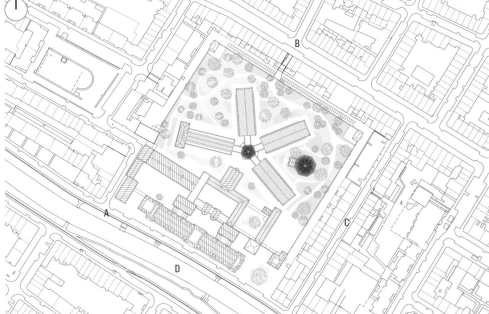

Tuin van Noord

Rotterdam
Client: HD Groep, Rotterdam

Following the conversion of one of the Netherlands' oldest prisons into dwellings, the walled grounds have been opened up to the neighbourhood. This is thanks to an agreement reached upon the sale of the prison in 2011 that the land between the prison walls would be laid out as a public garden. With parking confined to one corner of the site, the garden is free of cars. Local residents can enter it through three gateways in the prison wall. The gateway design with bird motif by graphic designer Rob Westendorp can, like many interventions in the building, be read as a new layer of time. To facilitate a circuit of the garden, the building itself was perforated. This opening is filled with pale grey cement and a large window framed in black aluminium.

The core of the prison complex consists of four cell wings. Because the foundations needed to be renewed, all the wings were completely gutted and rebuilt from the inside out. Although the dwellings were designed to fit the cell plan, this has not produced a single, standard floor plan; instead, a variety of typologies were created ranging from 60 to 300 square metres. To meld this diversity into a visual unity, the dwellings are linked at first floor level by a black steel-framed bay window. Other decisions refer explicitly to the original function: the vertical glazing bars in the windows are a subtle allusion to the former prison bars. Despite the fact that a lot of the listed building's historical material has been removed, its prison history is still a tangible presence.

Foto/Photo: **Beeldenfabriek**
Foto/Photo: **Paul Martens**

Betekenisgeving door vakmanschap

In gesprek met Marjolein van Eig en Marina Otero Verzier

Conveying meaning through craftsmanship

In conversation with Marjolein van Eig and Marina Otero Verzier

Architect Marjolein van Eig (1975) is oprichter van BureauVanEig. Daarnaast is ze columnist, tussen 2015 en 2019 voor vakblad *de Architect* en vanaf 2021 bij Architectenweb. Haar columns zijn in november 2021 gebundeld verschenen in de publicatie *Het Detail*, met bijdragen van Mark Pimlott, Violette Schönberger en Hans van der Heijden.

Architect Marina Otero Verzier (1981) is hoofd Social Design Masters aan de Design Academy Eindhoven, waar zij de rol van de ontwerper onderzoekt in relatie tot sociaal-maatschappelijke en ecologische uitdagingen. Otero promoveerde in 2016 aan de Universidad Politécnica de Madrid, is curator van diverse internationale evenementen en biënnales, en was van 2015 tot en met 2021 hoofd research bij Het Nieuwe Instituut.

Architect Marjolein van Eig (b. 1975) is the founder of BureauVanEig. As well running her own practice, she is a columnist, between 2015 and 2019 for the professional journal *de Architect* and since 2021 for the online *Architectenweb*. In November 2021 her columns were collected in *Het Detail*, along with contributions by Mark Pimlott, Violette Schönberger and Hans van der Heijden.

Architect Marina Otero Verzier (b. 1981) is head of the Social Design master's programme at the Design Academy Eindhoven, where she studies the role of the designer in relation to social and ecological challenges. Otero, who received her PhD from the Universidad Politécnica de Madrid in 2016, has curated a variety of international events and biennales, and from 2015 to 2021 was head of research at Het Nieuwe Instituut.

Studio Libeskind i.s.m./with Rijnboutt, Nationaal Holocaust Namenmonument

National Holocaust Names Memorial, Amsterdam
Foto/Photo: Kees Hummel

Plekken van betekenis zijn vaak monumenten of herdenkingsplekken, bedoeld om stil te staan en te herinneren. Het doel om
emotie op te roepen plaatst de architect in een ingewikkelde
positie: is het gebouw slechts een decor voor die emoties of kan
het een bijdrage leveren aan het opwekken ervan? Dit dilemma
is het meest prominent op plekken met een beladen geschiedenis. Twee voorbeelden figureren in dit jaarboek: het Nationaal
Holocaust Namenmonument (Studio Libeskind i.s.m. Rijnboutt)
en het Nationaal Monument Kamp Amersfoort (Inbo). Maar
als redactie viel ons op dat ook andersoortige kleinschalige
gebouwen zijn ontworpen met het uitdrukkelijke doel betekenis
te geven aan een plek. Bijvoorbeeld het paviljoen bij de Portu-
gees-Joodse begraafplaats Beth Haim (Kossmanndejong en
Loerakker Olsson Architecten), het eindgemaal in de Amsterdamse Rivierenbuurt (BureauVanEig) en het Geheugenbalkon
aan de zuidelijke ringweg van Groningen (Studio L A). De
overeenkomst tussen deze gebouwen is de aandacht voor de
vormgeving en behandeling van materialen, kortweg: het
vakmanschap.

Naar aanleiding van bezoeken van de redactie aan deze
projecten ontstond het idee om dieper in het thema betekenisgeving te duiken. Redactieleden Arna Mačkić en Teun van den
Ende gingen met Marjolein van Eig en Marina Otero hierover
in gesprek. Hoe kijken beide architecten aan tegen de manier
waarop vakmanschap wordt ingezet om herinneringen op te
roepen, ook als het om pijnlijke geschiedenis gaat?

De positie van architectuur in de betekenisgeving van plekken
is onderhevig aan het maatschappelijke debat over de interpretatie van de geschiedenis. In het afgelopen jaar was er in
Nederland veel aandacht voor de wreedheden tijdens de Indo-
nesische Onafhankelijkheidsoorlog en voor de Nederlandse
rol in het tijdperk van slavernij, om maar twee voorbeelden te
noemen. Met deze discussies krijgt het herdenken van het
verleden nieuwe, scherpe, kanten.

De neiging te willen stilstaan bij het verleden is ook in de
architectuur zichtbaar: jaarlijks komen er in Nederland diverse
herdenkingsplekken bij die uitnodigen tot contemplatie en
zelfonderzoek.[1] Met Otero en Van Eig spreken we over de vraag
welke 'architectuurtaal' architecten daarbij hanteren. Als
eerste stellen zij vast dat architecten als vormgevers van ruimte
in staat zijn emoties op te roepen. Maar op de vraag of dat
betekent dat architecten ook zouden moeten *aansturen* op een
emotionele ervaring, reageren beiden terughoudend. Plekken
met een beladen verleden zouden juist moeten uitnodigen tot
verschillende interpretaties en daarom niet te dwingend
vormgegeven moeten zijn. De geschiedenis is immers gelaagd
en de lezing ervan is onderhevig aan afkomst, cultuur en
levensovertuiging.

Baksteen en reflecterend glas

Nadere bestudering van het Nationaal Holocaust Namenmonument en het Nationaal Monument Kamp Amersfoort leiden het gesprek naar de detaillering van herdenkingsplekken.
Beide monumenten drukken concepten uit die in de architectuur verbonden zijn geraakt met herdenken, en die je doen stilstaan bij het verleden. En die laten weinig ruimte meer voor
een individuele ervaring, stelt Van Eig. In het geval van Studio
Libeskind is dat overigens geen verrassing; het bureau staat
immers bekend om de sculpturale architectuur van scherpe
hoeken en insnijdingen van volumes, die bezoekers ervan
bewust maken dat ze zich niet in een alledaagse ruimte bevinden. Dat is in het Nationaal Holocaust Namenmonument niet
anders: 'Het is een formule die Studio Libeskind met succes in
eerdere projecten heeft gebruikt, maar werken algemene ont-
werpoplossingen altijd en in elke situatie?', vraagt Otero zich
af. Het valt haar hiernaast op dat het monument behalve uit
hoekige, spiegelende oppervlakten ook uit baksteen bestaat,
een typisch Nederlands bouwmateriaal. Speculerend over de

Places freighted with meaning are often monuments or memorials,
designed for contemplation and remembrance. The goal of
arousing emotion puts the architect in a something of a quandary:
is the building mere decor for those emotions, or can it help to
evoke them? This dilemma is most marked in places with an
emotionally charged history. Two such places feature in this yearbook: the National Holocaust Names Monument (Studio
Libeskind with Rijnboutt) and the Nationaal Monument Kamp
Amersfoort (Inbo). However, the editorial team noticed that
several other, small-scale buildings had also been designed with
the conscious aim of investing a place with meaning: the pavilion
at the Beth Haim Portuguese-Jewish cemetery (Kossmanndejong
and Loerakker Olsson Architecten), the end pumping station in
Amsterdam's Rivierenbuurt (BureauVanEig) and the Geheugenbalkon beside Groningen's southern ring road (Studio L A).
What these otherwise diverse buildings have in common is the
care that has gone into the design and the treatment of
materials: in short, the craftsmanship.

After visiting these projects the editors were keen to dig more
deeply into the theme of conveying meaning in architecture.
Editors Arna Mačkić and Teun van den Ende discussed the topic
with Marjolein van Eig and Marina Otero. How do these two
architects view the way craftsmanship is employed to evoke
memories, including when it concerns a painful history?

The role of architecture in investing places with meaning is
affected by the social debate about the interpretation of history.
In the Netherlands, for example, the past year has seen the
spotlight turned on atrocities committed during the Indonesian
War of Independence, and on the role played by the Dutch in the
era of slavery. The resulting discussions cast the commemoration of the past in a new and critical light.

The inclination to pause to reflect on the past is also visible in
architecture: every year a few more commemorative sites inviting
people to contemplation and self-examination appear in the

Netherlands.[1] We spoke with Otero and Van Eig about the 'architectural language' architects adopt in such situations. They began
by stating that architects, as designers of space, are eminently
capable of arousing emotions. But both have reservations as to
whether architects should strive for a particular emotional
experience. Places with an emotionally charged history should
invite different interpretations and not be insistently designed
in one direction. After all, history is layered, and its interpretation
depends on the individual's origins, culture and philosophy of
life.

Brick and reflective glass

Closer consideration of the National Holocaust Names Monument and the Nationaal Monument Kamp Amersfoort led the
discussion to the detailing of commemorative sites. Both
monuments express concepts that have become associated with
commemoration in architecture and that cause people to pause
in the presence of the past. And leave little room for an individual
experience, argues Van Eig. In the case of Studio Libeskind that
is hardly a surprise; the practice is famous for its sculptural
architecture of acute angles and dramatically incised volumes
designed to make visitors aware that this is no everyday space.
So too in the National Holocaust Names Monument: 'It is a
formula that Studio Libeskind has successfully used in previous
projects. But do general formulas always work, in every situation?',
wonders Otero. She also notes that apart from angular, reflective
surfaces, the monument also consists of brick, a typical Dutch
building material. Speculating on the significance of brick, which
is a material frequently employed in other monuments, she
suggests that architects may use it because of its positive social
reception. 'It offers a certain solidity, dignity and humility.'

Seen in that light, the National Holocaust Names Monument
is in the Dutch building tradition. It also exploits the properties
of the material as an individual element: each brick is rendered

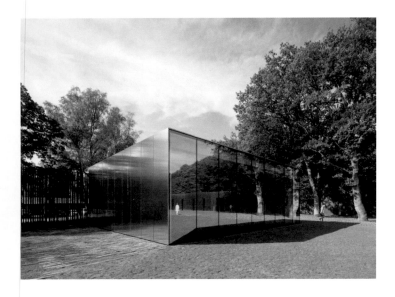

Inbo, Nationaal Monument Kamp
Amersfoort
Foto/Photo: Ossip van Duivenbode

BureauVanEig, Eindgemaal/
End pumping station Rivierenbuurt,
Amsterdam
Foto's/Photos: Marjolein van Eig

betekenis van baksteen, dat ook in andere monumenten veelvuldig wordt toegepast, suggereert ze dat architecten het wellicht gebruiken omdat het algemeen geapprecieerd wordt. 'Het biedt een zekere soliditeit, waardigheid en bescheidenheid.'

Zo bezien staat het Nationaal Holocaust Namenmonument in de Nederlandse bouwtraditie. Ook benut het de eigenschappen van het materiaal als los element: elke steen is uniek door de inscriptie van naam, geboorte- en sterfdatum van degene aan wie de steen herinnert. De keuze voor baksteen krijgt daardoor betekenis. De kritiek van Van Eig richt zich op iets anders: de aansluitingen tussen de stenen muren met de grond en met de hoekige spiegelende sculptuur erboven. Beide ontmoetingen zijn onvoldoende gearticuleerd, het gevolg van de keuze voor een zo abstract en naadloos mogelijke vormgeving. Ook in de modernistische vormtaal van het Nationaal Monument Kamp Amersfoort zijn de ontmoetingen van glazen gevels op het maaiveld en met de dakranden geabstraheerd. Reflecterend glas is ingezet om bezoekers een spiegel voor te houden: vanuit welk kader kijken zij terug op de geschiedenis? In de inrichting van het museum komt dit nogmaals terug in een spiegelwand die bezoekers met zichzelf en met elkaar confronteert.

Alternatieven

In beide voorbeelden staan materialen en detaillering in dienst van het herinneren aan menselijk leed, om doelbewust emoties op te roepen. Hierbij maken zowel Inbo als Libeskind/Rijnboutt gebruik van herkenbare vormtaal. Het zet Van Eig en Otero aan tot het nadenken over alternatieven die meer ruimte laten voor meervoudige interpretatie. Dat begint voor Van Eig met het simpelweg 'tonen van materialen, in alle banaliteit. Dan communiceer je niet hoe je je hoort te voelen, wat bevrijdend werkt.' Van de andere drie projecten die aanleiding vormden voor het gesprek, Beth Haim, eindgemaal Rivierenbuurt en het Geheugenbalkon, komt die houding met name tot uitdrukking

unique by the inscription of the name and dates of birth and death of the person the brick commemorates. That in turn lends the choice of brick significance. Van Eig's criticism is directed elsewhere: the places where the brick walls meet the ground and the angular reflective sculpture above. Both junctions are insufficiently articulated, the result of opting for such an abstract and seamless design. In the modernist formal idiom of Nationaal Monument Kamp Amersfoort the junctions of the glazed elevations with the ground and with the roof edges are similarly abstracted. Reflective glass is employed to hold a mirror up to visitors: from what context do they look back on history? Inside the museum this returns in the form of a mirror wall that confronts visitors with themselves and with one another.

Alternatives

In both these monuments, materials and detailing serve the remembrance of human suffering in a deliberate attempt to arouse emotions. Both Inbo and Libeskind/Rijnboutt employ a recognizable formal idiom. The two projects set Van Eig and Otero thinking about alternative approaches that leave more room for multiple interpretations. For Van Eig that begins with simply 'showing materials, in all their ordinariness. That way you're not communicating how people should feel, which has a liberating affect.' Both agree that of the other three projects that prompted this conversation, Beth Haim, the Rivierenbuurt pumping station and the Geheugenbalkon, that approach is most evident in the Geheugenbalkon. Otero: 'Nothing's concealed here. The material speaks for itself.'

In her book *Het Detail,* Van Eig argues the case for articulating the detail.[2] This unambiguous stance is also visible in her work where connections, layering and a sense of depth play a major role. It connects her with a wider debate about craftsmanship in Dutch architectural history in which many different – often contrary – design views and tendencies alternate. Otero is

in het Geheugenbalkon, vinden beiden. Otero: 'Hier wordt niets weggewerkt. Het materiaal spreekt voor zich.'

Van Eig pleit in haar boek *Het Detail* voor het articuleren van het detail en neemt daarmee duidelijk stelling in het debat.[2] Deze visie is ook zichtbaar in haar werk, waarin aansluitingen, gelaagdheid en dieptewerking een grote rol spelen. Ze refereert hiermee aan een breder debat over vakmanschap in de Nederlandse architectuurgeschiedenis. Daarin wisselen veel verschillende – vaak tegengestelde – ontwerpopvattingen en -stromingen elkaar af. Otero is kritisch op deze voortdurende golfbeweging: 'Het komt de ontwikkeling van het vakgebied en het vermogen om te reageren op toekomstige uitdagingen niet ten goede.'

Beperkte speelruimte

Hoewel opvattingen over betekenisgeving en vakmanschap zich het scherpst aftekenen in de vormgeving van (oorlogs)-monumenten, beperken de thema's zich niet tot deze unieke opdrachten. Architectuur kan ook op meer alledaagse plekken subtiel verwijzen naar historie of betekenis(sen). Maar hoeveel speelruimte hebben architecten om hun vakmanschap te tonen? Weinig, stelde Rem Koolhaas in een interview uit 2014: 'We [architects] are currently operating on three values only: comfort, security and sustainability. They have basically replaced the French "Liberté, égalité, fraternité" – and I really don't think that's an improvement.'[3]

Van Eig weet niet beter dan dat opdrachtgevers de nadruk leggen op comfort, veiligheid en duurzaamheid; de periode daarvoor, waaraan Koolhaas refereert, heeft zij als praktiserend architect niet meegemaakt. Vooral bij woningbouwprojecten ondervindt ze dat de opdrachtgever heel sterk bepaalt hoeveel liefde je kan steken in het detail. Jonge bureaus hebben het in dit klimaat moeilijk, doordat ze automatisch het stempel 'risico' opgeplakt krijgen, ziet Van Eig. 'Nogal een verschil ten

opzichte van de generatie van pakweg dertig jaar geleden. Toen stonden opdrachtgevers nog open voor experiment in de woningbouw.'

De verschuiving naar comfort, veiligheid en duurzaamheid noemt Otero onvermijdelijk. Het is een uitdrukking van de complexiteit van het bouwen die wordt weerspiegeld in de regelgeving. Dat de architect daarmee controle verliest over delen van het ontwerpproces is eveneens onvermijdelijk. Maar transformatie van het vak is zeker niet alleen een fenomeen van laatste tien jaar: het verandert altijd mee met maatschappelijke tendensen, beargumenteert Otero: 'Binnen deze veranderende focus is er nog meer dan genoeg ruimte voor verandering en experiment in het vakgebied.'

1   Hierover schreef Kirsten Hannema het essay 'Rouwen, herinneren, leren. Het herdenken van herinneringsplekken', in: Teun van den Ende, Kirsten Hannema en Arna Mačkić (red.), *Architectuur in Nederland. Jaarboek 2020/21*, Rotterdam 2021.

2   Marjolein van Eig, *Het Detail. Over loketten, plinten, kozijnen en alle dingen die we dagelijks zien en beroeren*, Zeist 2021.

3   Oliver Wainwright, 'Rem Koolhaas blows the ceiling off the Venice Architecture Biennale', *The Guardian*, 5 juni 2014.

Studio L A, Geheugenbalkon, Groningen
Foto/Photo: Siese Veenstra

critical of this constant fluctuation: 'It's not good for the development of the discipline and for the ability of architects to respond to future challenges.'

Limited leeway

Although opinions about conferring meaning and craftsmanship are most apparent in the design of monuments, the two themes are not confined to these unique commissions. Architecture can also refer subtly to history or to meaning(s) in more everyday settings. But how much leeway do architects have to demonstrate

their craftsmanship? Not much, according to Rem Koolhaas in a 2014 interview: 'We [architects] are currently operating on three values only: comfort, security and sustainability. They have basically replaced the French "Liberté, égalité, fraternité" – and I really don't think that's an improvement.'[3]

Van Eig has only ever known a situation in which clients stress comfort, security and sustainability; the previous period, to which Koolhaas was referring, was before her time as a practising architect. In her experience the client's power to determine how much care you lavish on details is particularly prevalent in housing projects. She notes that young practices have a rough time in this climate because they are automatically labelled 'risky'. 'Quite a difference compared with the generation of thirty or so years ago. Back then clients were open to experiment in housing.'

Otero thinks the shift to comfort, security and sustainability was inevitable. It is an expression of the complexity of construction, which is reflected in the regulations. Equally inevitable is the architect's consequent loss of control over parts of the design process. But the transformation of the discipline is by no means unique to the last ten years. It changes in response to social trends, argues Otero: 'Within this changing focus, there is more than enough scope for change and experiment in the discipline.'

1   Kirsten Hannema wrote about this in the essay 'Mourning, remembering, learning. The re-thinking of sites of commemoration', in: Teun van den Ende, Kirsten Hannema and Arna Mačkić (eds.), *Architecture in the Netherlands. Yearbook 2020-21*, Rotterdam 2021.

2   Marjolein van Eig, *Het Detail. Over loketten, plinten, kozijnen and alle dingen die we dagelijks zien and beroeren*, Zeist 2021.

3   Oliver Wainwright, 'Rem Koolhaas blows the ceiling off the Venice Architecture Biennale', *The Guardian*, 5 June 2014.

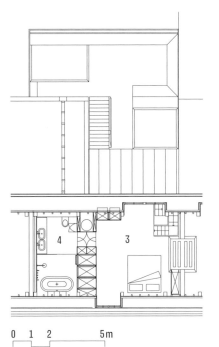

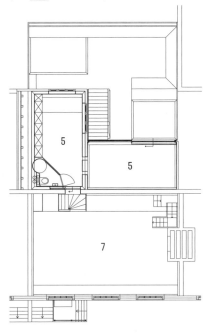

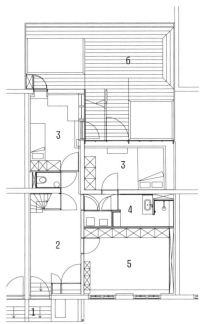

0 1 2   5m

Foto's/Photos: **Jannes Linders**

Benthem Crouwel Architects

Renovatie wevershuis Vijzelgracht

Amsterdam
Opdrachtgever: particulier, Amsterdam

Dit drieëneenhalf eeuw oude wevershuis naar ontwerp van architect Philips Vingboons is na de aanleg van de Noord/Zuidlijn opnieuw gefundeerd. De voorgevel is gerestaureerd en het interieur gerenoveerd. Op enkele plekken zijn sporen uit de historie met behulp van nieuwe technieken geëtaleerd. Een voorbeeld: een trap bevatte treden uit drie verschillende eeuwen, waarvan de oudste treden door uitslijting onbruikbaar waren geworden. In plaats van alle treden te vervangen, zijn de uitgesleten treden opgevuld met doorzichtig hars.
Aan de voorgevel is het beeld onveranderd; voorzetramen zorgen voor een comfortabel binnenklimaat. Ook de rest van het woonhuis is aangepast aan de huidige energiestandaarden. Daarvoor is de bestaande constructie, grotendeels onzichtbaar, aangepast. Ventilatiekanalen zijn door oude schachten gelegd. De achtergevel van een latere uitbouw uit 1870 is volledig vernieuwd met een serre van drie verdiepingen. Een trap geeft toegang tot een tuin. De indeling in een voor- en achterhuis is echter niet gewijzigd. Alle woonfuncties, met uitzondering van de keuken, zijn in het voorhuis gelegen.
Elke vierkante meter in het huis is optimaal benut. Zo biedt een vaste trap in de hoek van de woonkamer toegang tot de zolder, op dezelfde plek waar vroeger een ladder stond. De smalle trap manifesteert zich nu als onderdeel van het interieur, dat bewust eigentijds en niet historiserend is. De kleurrijke vormgeving van vloeren, wanden, meubels en kunst levert verrassende contrasten op, waarmee de geschiedenis niet ontkend maar verlevendigd wordt.

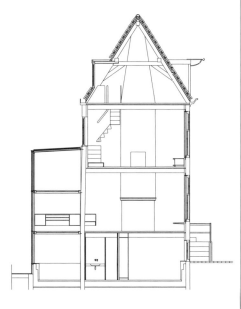

Doorsnede/Section

Tweede, eerste verdieping, souterrain/
Second, first floor, basement
1 entree/entrance
2 hal/hall
3 slaapkamer/bedroom
4 badkamer/bathroom
5 werkkamer/study
6 tuin/garden
7 woonkamer/living room

Situatie/Site plan
A Vijzelgracht
B Nieuwe Weteringstraat
C Derde Weteringdwarsstraat

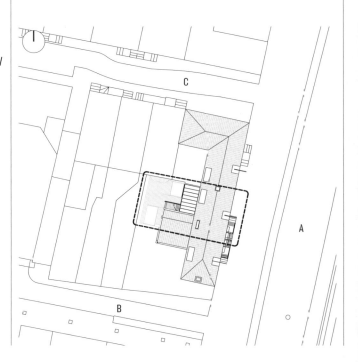

Renovation of house on Vijzelgracht

Amsterdam
Client: private, Amsterdam

Following the construction of the North-South metro line, this three-and-a-half century-old weaver's house designed by the architect Philips Vingboons required new foundations. Subsequently, the front elevation was restored, and the interior renovated. In the course of this work several traces of the house's history were revealed with the aid of new techniques. One example was a stair containing treads from three different centuries, the oldest of which were so severely worn as to be unusable. Instead of replacing all the treads, the worn areas were filled with transparent resin. The front elevation looks the same as ever behind the secondary glazing that ensures a comfortable indoor climate. The rest of the house was also adapted to meet current energy standards but not noticeably so: ventilation ducts, for example, were installed in existing air shafts.

The rear elevation of a later extension from 1870 was completely rebuilt as a three-storey conservatory with a stair leading down into the garden. However, the historical front- and back-house arrangement was not altered. All the residential functions, with the exception of the kitchen, are in the front-house.

Optimal use was made of every square metre: in a corner where a ladder once stood, a new stair provides access to the attic. The narrow stair is perfectly at home in an interior that is consciously contemporary rather than historicizing. The colourful interior design of floors, walls, furniture and art makes for surprising contrasts that enliven rather than deny the house's history.

Ronald Janssen Architecten

Foto's/Photos: **Sebastian van Damme**

Foeliestraat 2-4 appartementen

Amsterdam
Opdrachtgever: Buro Amsterdam

Zowel het zestiende-eeuwse pakhuis aan de Prins Hendrikkade als de drukke stadse omgeving vormde inspiratie voor het ontwerp van dit appartementengebouw. Het bouwvolume is een echo van het pakhuis. In de gevel is echter het contrast gezocht door het glasoppervlak te maximaliseren. Zo ontstaat de mogelijkheid contact te maken met de stad. Dat is geen sinecure, het verkeer dat de IJ-tunnel in- en uitrijdt, vormt een haast continue stroom langs het gebouw. Het lawaai ervan wordt vakkundig opgevangen door de gevel. Die bestaat uit bakstenen penanten die het gebouw een strakke verticale geleding geven. Geribbelde betonnen gevelbanden vormen de horizontale tegenhanger hiervan. De kozijnen en balkonhekken zijn weggewerkt achter dit weefsel. De kleur van de steen is ontleend aan huizen in de wijde omgeving.

In het midden van de commerciële ruimte in de plint ligt de entree tot de woningen, gemarkeerd door het huisnummer dat verdiept in het beton is vormgegeven. De hal en het trappenhuis zijn bewust heel bescheiden gehouden. Deze keuze is niet helemaal te rijmen met de luxe uitstraling van de appartementen, en lijkt economisch ingegeven; elke vierkante meter woonoppervlak is immers geld waard.

De hoofdvorm knikt op de bovenste verdieping schuin naar achteren, conform het bestemmingsplan. Het gevelritme loopt echter door, waardoor in de bovenste appartementen nog meer licht binnendringt. Slaapvertrekken en inpandige balkons grenzen aan een ondiepe patio aan de rustige achterzijde. De woningen zijn door de verdiepingshoge puien verrassend ruim en licht, wat fenomenale uitzichten oplevert in dit stukje van de Amsterdamse binnenstad.

Doorsnede/Section

Derde, eerste verdieping, begane grond/Third, first, ground floor
1 hoofdentree/main entrance
2 commerciële ruimte/commercial space
3 fietsenstalling/bicycle storage
4 trappenhuis/stairwell
5 woonkamer/living room
6 keuken/kitchen
7 slaapkamer/bedroom
8 badkamer/bathroom
9 balkon/balcony

Situatie/Site plan
A Foeliestraat
B IJ-tunnel
C Prins Hendrikkade

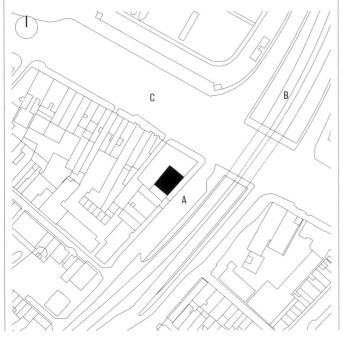

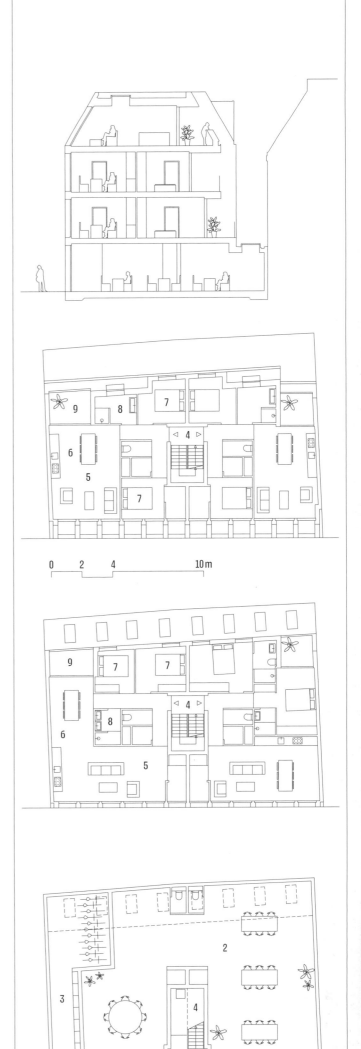

Foeliestraat 2-4 apartments

Amsterdam
Client: Buro Amsterdam

Both the sixteenth-century warehouse on Prins Hendrikkade and the busy urban surroundings informed the design of this apartment building. Although the building volume echoes the warehouse, the facade pursues contrast by maximizing the glazed surface, thereby creating the possibility of contact with the city. This was no easy task, given the almost continuous flow of traffic thundering in and out of the nearby IJ Tunnel. The noise has been skilfully absorbed by the facade, which is composed of brick piers that lend the building a taut, vertical articulation, counterpointed by horizontal bands of corrugated concrete. The frames and balcony railings are concealed behind this fabric. The colour of the brickwork takes its cue from the wider surroundings.

Halfway along the street-level commercial spaces is the entrance to the dwellings, marked out by a street number recessed and integrated into the concrete. The hallway and the staircase are deliberately modest, which is somewhat at odds with the upmarket appearance of the apartment building as a whole, a decision that would appear to have been financially motivated; every square metre of floor space has a monetary value.

Although the top floor of the building slants backwards as dictated by the development plan, the facade rhythm continues uninterrupted, allowing even more light to flood the top apartments. Bedrooms and internal balconies overlook a shallow patio on the quiet rear side of the building. Full-height windows, which make the dwellings feel surprisingly spacious and light, deliver exceptional views in this little corner of Amsterdam's city centre.

Foeliestraat, gezien naar de/
looking towards Prins Hendrikkade,
Amsterdam, 1957

Hoek/Corner Foeliestraat/Prins
Hendrikkade, Amsterdam, 1995
Foto's/Photos: Stadsarchief Amsterdam

Foto's/Photos: **Dennis De Smet**

Korth Tielens Architecten

Doorsnede/Section

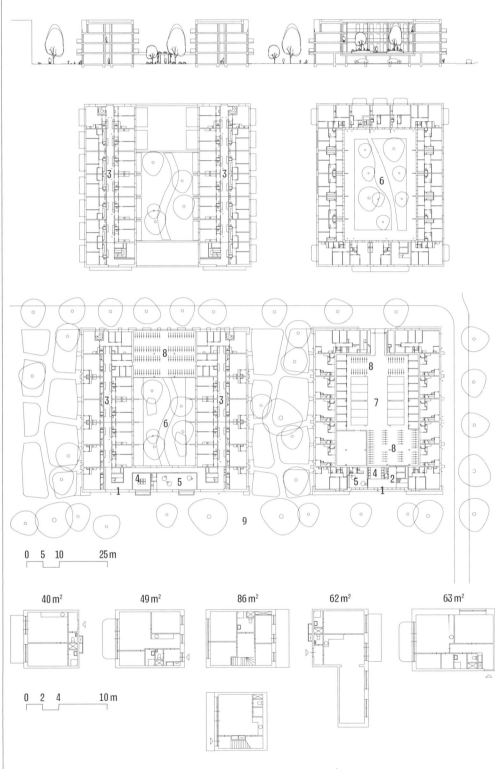

Eenhoornblokken 3 & 4

Amsterdam
Opdrachtgever: Ymere, Amsterdam

In de westelijke hoek van de Watergraafsmeer is in opdracht van woningcorporatie Ymere een buurtje met sociale huurappartementen gebouwd. In omliggende straten staan woningen en kantoren tegenover elkaar in de stenige omgeving. Die is verzacht met de introductie van een autovrije speelstraat, waaraan de toegangen tot de bouwblokken liggen. Er zijn ruim tweeënhalf keer meer woningen gerealiseerd dan de naoorlogse beneden-bovenwoningen die ervoor moesten wijken.
Het programma speelt in op de groeiende vraag naar een- en tweepersoonshuishoudens, een opgave voor veel woningcorporaties. Een deel van de bewoners maakt gebruik van zorg en krijgt daarbij ondersteuning van Stichting Philadelphia Zorg. De meeste woningen zijn 40, 49 of 62 m² groot, voor gezinnen is er een beperkt aantal maisonnettes van 86 m². Door de brede woningen hebben bewoners relatief veel contact met de buitenwereld.
In de plint delen bewoners voorzieningen, zoals een gemeenschappelijke (kook)ruimte, wasruimte en fietsenberging. Ook de binnentuin, naar ontwerp van Frans Boots, is ingericht voor gezamenlijk gebruik. Doordat het ene blok een corridor- en het andere een galerijontsluiting heeft, zijn ze totaal verschillend van elkaar. Parkeerplekken voor de auto zijn er nauwelijks; de locatie is goed bereikbaar per openbaar vervoer.
De entrees zijn verbijzonderd met een geribbelde zeegroene tegel van grafisch ontwerper Hansje van Halem. Het contrast is groot met de plint, die uit bruine, verticaal toegepaste, geglazuurde baksteen is opgetrokken. Dankzij alle manieren om de woningen een eigen expressie te geven, blijft de architectuur in de gefragmenteerde omgeving moeiteloos overeind.

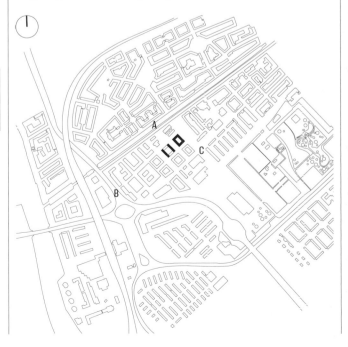

0 5 10   25 m

40 m²   49 m²   86 m²   62 m²   63 m²

0 2 4   10 m

Eerste verdieping, begane grond/
First, ground floor
1   hoofdentree/main entrance
2   hal/hall
3   gang/corridor
4   wasruimte/laundry
5   gemeenschappelijke (kook)ruimte/
     communal area with kitchen

6   collectieve binnentuin/
     shared internal garden
7   parkeren/parking
8   fietsenberging/bicycle storage
9   autovrije speelstraat/car-free play
     area

Situatie/Site plan
A   Ringdijk
B   Wibautstraat
C   Nobelweg

Eenhoorn blocks 3 & 4

Amsterdam
Client: Ymere, Amsterdam

In the western corner of Watergraafsmeer two blocks of public housing apartments have been built for the Ymere housing association. In the surroundings streets, housing and office blocks confront one another in the hard, stony environs, which have been softened here by the introduction of a car-free pedestrian/play area along which the entrances to the housing blocks are located. More than two-and-a-half times as many dwellings have been realized as in the row housing they replaced. The programme caters to the growing demand for one- and two-person dwellings that many housing associations are currently scrambling to fill. Some of the residents require some level of care, which is provided by Stichting Philadelphia Zorg. Most dwellings are 40, 49 or 62 m²; for families there are a limited number of 86 m² maisonettes. Thanks to the width of the dwellings, residents enjoy a relatively high degree of contact with the outside world.

At street level there are shared facilities, such as a communal area with kitchen, a laundry and bicycle storage. The internal garden, designed by Frans Boots, is also designed for communal use. Because one block has corridor access and the other deck access, they are markedly different from one another. Parking spaces are limited since the location is well served by public transport.

The entrances are embellished with a ridged, sea-green tile by graphic designer Hansje van Halem. They stand out from the rest of the podium, which is faced with brown, vertically laid glazed bricks. Thanks to the residents' efforts to distinguish their own dwelling from the rest, the architecture has no difficulty holding its own in the fragmented surroundings.

Foto/Photo: **Max Hart Nibbrig**

Foto's/Photos: **Ossip van Duivenbode**

LEVS architecten

De Bocht

Amsterdam
Opdrachtgever: Amvest, Amsterdam

Nog geen vijf jaar geleden was de locatie van De Bocht een industrieel gebied waar onder anderen kunstenaars, architecten en ontwerpers vrije ruimte vonden. Het Cruquiuseiland is nu onherkenbaar veranderd. Een nieuwe woonwijk is hier uit de grond gestampt. De Bocht bevat 42 vrijesectorhuurwoningen, 63 koopwoningen, 19 sociale huurwoningen, commerciële ruimtes in de plint, een drielaagse parkeergarage en een fietsenstalling. Boven op de parkeergarage bevindt zich een binnentuin die voor bewoners toegankelijk is. Er is een mix aan woningtypologieën: terraswoningen, stadswoningen, galerij-woningen en torenwoningen. Het ontwerp is samengesteld uit prefabelementen, zodat het zonder steigers kon worden opgebouwd. De gevels bestaan uit een wit-bruine baksteen die refereert aan het vroegere maritieme en industriële karakter van het gebied. In het appartementencomplex zijn de entrees en gangen opvallend ruim en licht, door hoge vides en veel glas. Jammer is wel dat de entrees van de sociale huurwoningen geen verbinding met buiten hebben. Vanuit de gang met voor-deuren kijken deze bewoners de inpandige parkeergarage in. De stadswoningen liggen aan de havenkant en hebben direct toegang tot de kade, wat extra woonkwaliteit oplevert. Alle woningen hebben een indrukwekkend uitzicht en een royale buitenruimte, wat de relatie met het water versterkt.

0   5   10   25 m

Achtste, derde, eerste verdieping/ Eighth, third, first floor

1   vide entreehal/entrance hall void
2   stadswoning/townhouse
3   sociale huurwoning/
    public housing apartment
4   vrijesectorhuurwoning/
    private rental apartment
5   koopwoning/own-your-own
    apartment
6   parkeergarage/car park
7   binnentuin/courtyard garden
8   bergingen/storage

Doorsnede/Section

Situatie/Site plan
A   Cruquiusweg
B   Brandslangstraat
C   Zeeburgerkade

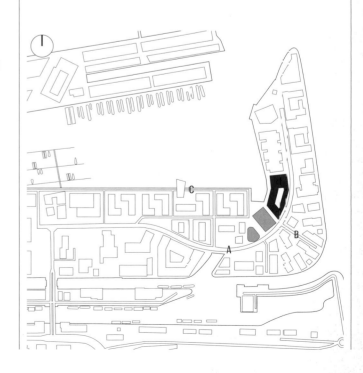

Foto/Photo: **LEVS architecten**

Foto/Photo: **LEVS architecten**

De Bocht

Amsterdam
Client: Amvest, Amsterdam

Less than five years ago the De Bocht site was an industrial area where artists, architects, designers and other creatives could find free workspaces. Cruquiuseiland has since undergone a complete transformation and is now a residential area. De Bocht contains 42 private rental apartments, 63 own-your-own apartments, 19 public housing apartments, ground-level commercial spaces, a three-level car park and bicycle storage. The car park is topped by a courtyard garden accessible to residents. There is a mix of typologies: terrace apartments, town houses, deck-access apartments, and tower apartments. The design was executed in precast concrete elements, making scaffolding unnecessary. The elevations consist of a white-brown brick that references the previous maritime and industrial character of the area. In the apartment complex the entrances and corridors are unusually wide and light, thanks to tall voids and extensive glazing. It is a pity that the entrances to the public housing units have no direct connection with outdoors; from the corridor along which their front doors stand, residents look into the internal car park. The town houses are located on the harbour side with direct access to the quay, which enhances their quality of living. All dwellings enjoy fantastic views and spacious outdoor spaces, reinforcing the relationship with the water.

Foto's/Photos: **René de Wit**

HILBERINK-BOSCH architecten

**Eerste verdieping, begane grond/
First, ground floor**
1 entree/entrance
2 woonkamer/living room
3 keuken/kitchen
4 slaapkamer/bedroom
5 tuin/garden
6 schuur/shed
7 parkeren/parking

0 5 10 25 m

Situatie/Site plan
A Beeldbuisring
B Zwaanstraat
C Flowcoatstraat
D vierlaags appartementengebouw/
four-storey apartment building
E hoge grondgebonden woningen/
tall, ground-access dwellings
F sheddak grondgebonden woningen/
sawtooth-roof ground-access
dwellings

Beeldbuizenfabriek

**Eindhoven
Opdrachtgever: Amvest, Amsterdam**

Op Strijp-R in Eindhoven, deel van het voormalige Philipsterrein, is in het masterplan van diederendirrix en Buro Lubbers een nieuwe woonwijk ontwikkeld. De industriële fabriekscomplexen zijn inmiddels grotendeels gesloopt. Alleen enkele relicten resteren, zoals de keramische werkplaats, een portiersgebouw, een loopbrug en een verhoogde leidingstraat.
Als onderdeel van het masterplan ontwierp HILBERINKBOSCH architecten op de plek van de Philips-beeldbuizenfabriek 80 vrijesector- en middeldure huur- en koopwoningen. De fabriek vormde een inspiratie voor het ontwerp van drie typen woningen. In het vierlaagse appartementengebouw wisselen metselwerk-vlakken en grote gevelopeningen elkaar af, als een verwijzing naar de oude Philipskantoren. De hoge grondgebonden woningen volgen het silhouet van de voormalige glasovens door de toe-voeging van uitgebouwde volumes die verwijzen naar koeltorens van de glasfabriek. Het binnengebied bestaat uit sheddak-woningen die drie hoven vormen. Deze drielaagse grondgebonden woningen volgen de lange lijnen van de gesloopte fabriek. Onder één sheddak liggen twee woningen, resulterend in twee varian-ten van dit woningtype. De zichtbare betonnen scheidings-wanden hebben een stramienmaat van 7,5 meter, direct afgeleid van de breedtemaat van de oude hallen. Per hof hebben de dichte panelen in de puien als accent een eigen RGB-kleur gekregen, de basiskleuren van (beeldbuis)licht. De in de woonwijk toege-paste strakke industriële lichtgrijze baksteen en de geelbruine aluminium puien verwijzen naar de gesloopte bebouwing. Het ontwerp van de Beeldbuizenfabriek is helder en optimistisch. Het is een succesvol voorbeeld van het vertalen van een bijzonder verleden zonder te historiseren.

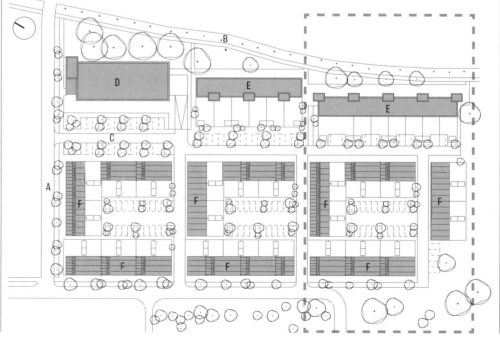

Beeldbuizenfabriek

Eindhoven
Client: Amvest, Amsterdam

On Strijp-R of the former Philips factory site in Eindhoven a new residential area has been developed within a master plan by diederendirrix and Buro Lubbers. Most of the factory complexes have been demolished leaving just a few relics, such as the ceramic workshop, a gatehouse, a footbridge and an elevated pipeline corridor.

In their part of the master plan, comprising the site of the Philips light bulb factory ('beeldbuizenfabriek'), HILBERINKBOSCH architecten designed 80 dwellings in a mix of private, medium-priced rental and own-your-own dwellings. The erstwhile factory informed the design of three types of dwellings. In the four-storey apartment building, brick walls alternate with large openings in a reference to the old Philips office building. The tall, ground-access dwellings echo the silhouette of the former glass furnaces through the addition of projecting volumes that allude to the glass factory's cooling towers. The inner area consists of blocks of sawtooth-roof dwellings arranged around three courtyards. These three-storey, ground-accessed dwellings echo the long lines of the demolished factory. Each sawtooth roof spans two dwellings, resulting in two versions of this dwelling type. The grid size of the exposed concrete dividing walls — 7.5 metres — corresponds to width of the old factory buildings. In each courtyard the imperforate panels in the lower fronts are picked out in one of the primary colours of light (RGB). The crisp pale grey industrial brick used in the residential area and the yellow-brown aluminium window units reference the demolished buildings. The Beeldbuizenfabriek design is lucid and optimistic, a successful example of acknowledging an important history without historicization.

Foto/Photo: **HILBERINKBOSCH architecten**

Foto's/Photos: **HILBERINKBOSCH architecten**

VMX Architects

Foto's/Photos: **Marcel van der Burg**

Haasje over

Eindhoven
Opdrachtgever: Trudo, Eindhoven

Woontoren Haasje over bevindt zich in Strijp-S, op het voor-malige Philipsterrein dat nu onderdeel is van binnenstedelijke herontwikkeling. Het gebouw met 185 sociale huurwoningen voor jongeren reageert sterk op de omgeving. De toren maakt aan één kant 'een sprong' over skatehal Area51 heen; de andere kant is op iets hoger niveau door middel van een luchtbrug verbonden met de daktuin van gebouw Anton, waardoor dat als ontmoetingsruimte voor de bewoners van beide gebouwen kan functioneren.

De toren telt 135 loftwoningen van vijftig vierkante meter. Elke woning heeft één groot raam met een diepe vensterbank. De verdiepingshoogte van 3,6 meter geeft bewoners de mogelijk-heid om er een mezzanine in te bouwen. In de dubbele, twee-laagse arm boven de skatehal bevinden zich vijftig maisonnette-woningen van eveneens vijftig vierkante meter, met een patio met collectieve buitenruimte. Op de tiende verdieping van het gebouw zijn gemeenschappelijke binnen- en buitenruimten, waar bewoners activiteiten kunnen organiseren.

Het gebouw is in de materialisatie en uitstraling industrieel en brutalistisch. De rood gepigmenteerde gevel, waarvan de kleur in de veelal grijzige omgeving verfrissend is, en de plint zijn vrij gesloten. Binnen in het gebouw is veel zichtbeton gebruikt. Dit kan op sommige plekken een ietwat afgesloten gevoel geven, zoals bij de verschillende gangen en deuren die op de eerste drie verdiepingen leiden naar de bergingen en fietsenstalling. In combinatie met het ontwerp van de bewegwijzering werkt de grijze betonnen sfeer goed en in alle gemeenschappelijke ruimtes is te zien dat de bewoners zich plekken hebben eigen gemaakt.

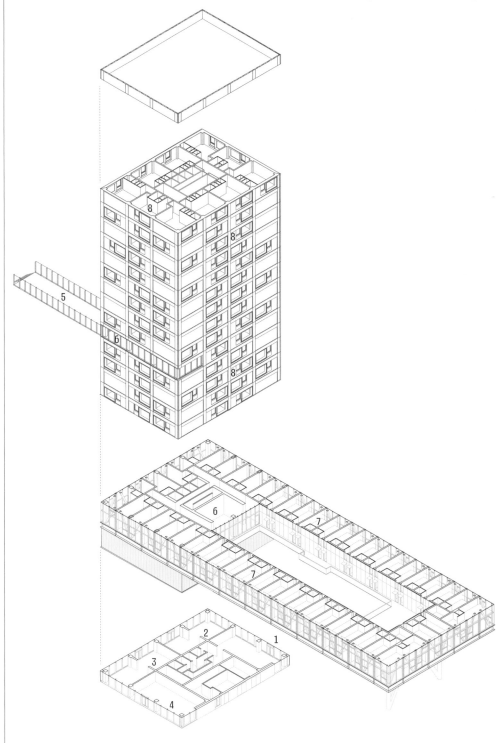

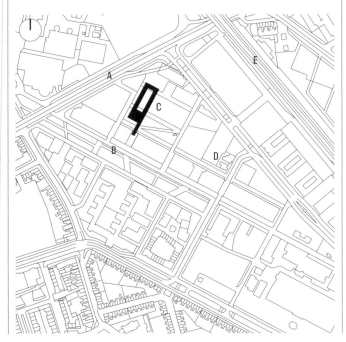

Situatie/Site plan
A   Beukenlaan
B   Torenallee
C   Skatehal/Skate hall Arena51
D   Trudotoren
E   spoorlijn/railway line

Axometrie/Axonometric projection
1   hoofdentree/main entrance
2   café restaurant
3   commerciële ruimte/commercial space
4   muziekwinkel/music store
5   luchtbrug/sky bridge
6   collectieve binnenruimte/ shared indoor space
7   maisonnettewoningen/maisonette dwellings
8   loftwoningen/loft apartments

Foto/Photo: **VMX/Sint Trudo**

Haasje over

Eindhoven
Client: Trudo, Eindhoven

The Haasje over (Leapfrog) residential tower stands in the Strijp-S section of the former Philips factory site that is now part of an inner-city redevelopment. The building, containing 185 public housing apartments for young people, engages strongly with its surroundings. On one side the tower 'leapfrogs' over the Area51 skate hall; the other side is linked, at a slightly higher level, via a sky bridge with the roof garden on top of the Anton building, which has now become a meeting place for residents of both buildings.

The tower contains 135, fifty-square-metre loft apartments. Each apartment has one very big window with a deep window seat. The 3.6 metre floor-to-ceiling height gives residents the possibility of inserting a mezzanine space. In the double, two-storey 'arm' above the skate hall are fifty maisonette dwellings, also of fifty square metres, plus shared outdoor space in the form of a patio. On the tenth floor of the tower there are communal indoor and outdoor areas where residents can organize activities. In materialization and appearance, the building is industrial and brutalist. The pigmented concrete elevations, whose red colour strikes a refreshing note in the mostly greyish surroundings, and the podium are somewhat fortress-like. Inside the building, exposed concrete predominates. In some areas, such as the various corridors and doors leading to the storage and bicycle rack areas on the third floor, this can seem a bit claustrophobic. On the whole though, the ambience created by the grey concrete works well in combination with the design of the signage, and in the shared spaces it is clear to see that the residents have made themselves at home here.

Opdrachtgeverschap in hogedrukgebieden

In gesprek met Karin Laglas, Nanne de Ru en Tobias Verhoeven

Enlightened commissioning in high-pressure areas

In conversation with Karin Laglas, Nanne de Ru and Tobias Verhoeven

Karin Laglas (1959) was tot juni 2021 directievoorzitter van woningcorporatie Ymere en is nu onder meer lid van de raad van toezicht van de Universiteit Utrecht en commissaris bij Brink. Daarvoor was zij decaan van de faculteit Bouwkunde van de Technische Universiteit Delft en werkte zij bij OVG Projectontwikkeling, Rodamco Europe, MAB Groep en Twynstra Gudde.

Nanne de Ru (1976) is oprichter en eigenaar van architectenbureau Powerhouse Company en ontwikkelbedrijf RED Company. Vanuit beide ondernemingen ontwikkelde hij onder meer kantoren voor Asics en Danone in Hoofddorp, de Bunkertoren in Eindhoven en het Floating Office Rotterdam.

Tobias Verhoeven (1976) is lid van het directieteam van ontwikkelaar Synchroon, waar hij verantwoordelijk is voor de commerciële activiteiten: acquisitie, conceptontwikkeling en corporate communicatie. Sinds 2020 is hij ook bestuurslid van de NEPROM, de vereniging van professionele projectontwikkelaars.

Karin Laglas (b. 1959) was chair of the board of the Ymere housing association until June 2021 and is now a member of the supervisory board of Utrecht University and on the board of Brink. Before that she was dean of the faculty of architecture at TU Delft and worked for OVG Projectontwikkeling, Rodamco Europe, MAB Groep and Twynstra Gudde.

Nanne de Ru (b. 1976) is the founder-owner of the Powerhouse Company architectural practice and development company RED. In this dual capacity he has developed offices for Asics and Danone in Hoofddorp, the Bunkertoren in Eindhoven and the Floating Office Rotterdam, among others.

Tobias Verhoeven (b. 1976) is a member of the managerial team of the Synchroon development company where he is responsible for commercial activities: acquisition, concept development and corporate communication. Since 2020 he has also been a member of the board of NEPROM, the umbrella group for professional developers.

Powerhouse Company, Floating Office Rotterdam, opdrachtgever/client: RED Company
Foto/Photo: Marcel IJzerman

Opdrachtgeverschap is bepalend voor de kwaliteit van architectuur en voor de mate waarin architectuur maatschappelijk relevant is. Bij welke opgaven hebben opdrachtgevers en architecten elkaar het hardst nodig en zijn ze in staat samen op te trekken? Hierover gingen redactieleden Uri Gilad en Teun van den Ende in gesprek met opdrachtgevers Karin Laglas, Nanne de Ru en Tobias Verhoeven. Alle drie vinden ze dat bouwprocessen korter moeten worden, zeker in de woningbouw, maar zonder aan kwaliteits- en duurzaamheidsambities in te boeten. Ze zijn kritisch op de rol die de architect doorgaans speelt in het bouwproces, maar vinden tegelijkertijd dat de architect een sleutelrol heeft. De Ru: 'Aan het begin van het proces geeft de architect het ritme en de maat aan, maar daarna is het teamwork.'

Door goed opdrachtgeverschap lukt het om onderscheidende architectuur te maken, maar de verhoudingen tussen de betrokkenen in het bouwproces staan vaak ook onder druk. Dat geldt momenteel vooral in de woningbouw. Hoewel architect en opdrachtgever altijd al sterk van elkaar afhankelijk waren, zijn beide rollen onder een vergrootglas komen te liggen. Dat geldt zeker voor Amsterdam, waar Karin Laglas tot 2021 directievoorzitter van woningcorporatie Ymere was. Met trots spreekt ze over de 330 appartementen ontworpen door Korth Tielens en Heren 5 architecten die Ymere met ERA Contour realiseerde, waarvoor 124 beneden-bovenwoningen zijn gesloopt. 'Het programma voor de nieuwbouw is bepaald op basis van wat de wijk nodig had. Er staan daar al veel duurdere woningen, dus hebben we 100% sociale huur in een hoge dichtheid teruggebouwd. Een klein aantal woningen is voor gezinnen, maar verreweg de meeste zijn voor een- en tweepersoonshuishoudens omdat daar in Amsterdam de meeste vraag naar is.'

Laglas ziet het als taak van woningcorporaties om door verdichting in de huidige, dringende, woningvraag van (her)-starters te voorzien. Van architecten verwacht ze dat zij die woonvraag efficiënt vormgeven, omdat bestedingen van corporaties maatschappelijk verantwoord moeten worden. Naast snelheid bij het bouwen van nieuwe woningen vindt ze het minstens zo belangrijk bestaande woningen duurzaam in stand te houden of te renoveren.

Het bedenken van een specifieke aanpak die ten goede komt aan het gebied, de gebouwen en de gebruikers, is ook Tobias Verhoeven eigen. Deze werkwijze leidt binnen zijn bedrijf Synchroon soms tot het ontwikkelen van nieuwe typologieën. Het wooncept Domūs Living, waarvoor Synchroon de samenwerking aanging met ontwerpbureaus Shift architecture urbanism en Flux landscape, is daar een voorbeeld van. In de vormgeving van de relatief kleine appartementen zijn meubels geïntegreerd; een gedeeld dakterras, collectieve ruimten en services moeten gemeenschapsvorming onder bewoners stimuleren. Op basis van dit concept worden nu 235 woningen gerealiseerd in de Amsterdamse Houthavens.

Nanne de Ru zoekt bij verdichting van binnenstedelijke gebieden naar mogelijkheden om de menging van inkomensgroepen voor elkaar te krijgen. Werkt de verhouding van 40% sociale huur, 40% middenniveau en 20% dure woningen die de gemeente Amsterdam de afgelopen vier jaar hanteerde? De Ru: 'Ik vind die starheid niet goed, Rotterdam gaat daar veel verstandiger mee om.' Hij illustreert het met twee plannen waarin hij in het ene geval een lager percentage sociale huurwoningen dan de voorgeschreven 20% realiseert, terwijl hij in het andere geval juist een hoger percentage ambieert.

Verhoeven herkent zich in die strategie: 'Op plekken waar veel sociale huurwoningen staan, moet je meer vrije sector toevoegen en vice versa.' Het eerste gebeurt volop, terwijl er

In any construction project, the calibre of the client is crucial to the quality of the architecture and the degree to which that architecture is socially relevant. In what kinds of projects are clients and architects most in need of one another and are they capable of working together? Editors Uri Gilad and Teun van den Ende put these questions to three clients: Karin Laglas, Nanne de Ru and Tobias Verhoeven. All three think that construction processes should be shorter, especially in housing, but without any loss of quality and sustainability. They are critical of the role the architect usually plays in the building process, yet also agree that the architect is a key player. De Ru: 'At the beginning of the process the architect provides the rhythm and beat, after that it's teamwork.'

Enlightened commissioning facilitates the creation of outstanding architecture, yet relations between those involved in the building process are also often strained. Right now, this is especially true of housing construction. Although there has always been a strong interdependency between architect and client, both roles are now subject to intense scrutiny. Especially in Amsterdam, where Karin Laglas was chair of the board of the Ymere housing association. She recalls with pride the 330 apartments designed by Korth Tielens and Heren 5 architecten that Ymere built with ERA Contour, replacing 124 one-up-one-down dwellings. 'The programme for the new dwellings was based on what the area needed. There were already a lot of more expensive dwellings, so we built 100% social housing units at a high density. A small number of dwellings are for families, but the vast majority are for one- and two-person households because that is what is most needed in Amsterdam.'

Mixed districts

As Laglas sees it, the task of housing associations is to meet the current, urgent demand for housing from newcomers to housing market. She expects architects to design that housing efficiently

because association expenditure has to be socially defensible. And just as important as speedy construction of new housing, in her view, is sustainable maintenance or retrofitting of existing housing.

Coming up with a tailored approach that benefits the area, the buildings and the users also epitomizes Tobias Verhoeven's way of doing things and it sometimes results in his company, Synchroon, developing new typologies. One example of this is their Domūs Living concept, developed in collaboration with Shift architecture urbanism Flux landscape design practices. In the design of the relatively small apartments the furniture is integrated and there is a shared roof terrace; collective space and services are intended to encourage community building among the residents. Based on this concept, 235 dwellings are currently under construction in Amsterdam's Houthavens area.

In the densification of the inner city areas, Nanne de Ru looks for opportunities to achieve a mix of income groups. Does the ratio of 40% social housing units, 40% medium priced and 20% expensive dwellings applied by the City of Amsterdam during the past four years actually work? De Ru: 'It's too inflexible, Rotterdam takes a much more sensible approach.' He illustrates this with two plans in one of which he is building a lower percentage of social housing than the stipulated 20%, while in the other he is aiming for a higher percentage.

Verhoeven identifies with that strategy: 'In places where there is a lot of social housing you need to introduce more private sector housing and vice versa.' There's no shortage of the former, whereas very few social housing units are being built in upmarket areas. Why is that? Laglas: 'Who says the occupants of those social housing units enjoy living there?' As she knows from her time with Ymere, 'Not all social housing tenants living in an expensive district feel at home there. The services are all geared to a high income.'

nauwelijks sociale huurwoningen in dure wijken bij komen. Hoe komt dat? Laglas: 'Wie zegt dat het voor bewoners van die nieuwe sociale huurwoningen fijn is om daar te wonen? Niet alle sociale huurders die in een dure wijk komen wonen, voelen zich daar thuis', weet Laglas uit haar tijd bij Ymere. 'De voorzieningen zijn daar afgestemd op een hoger inkomen.'

Snelheid maken

De manier waarop de gemeente Amsterdam de regie op de woningmarkt probeert terug te pakken, verschilt van de aanpak van andere gemeenten, valt De Ru op: 'Zo kiest Utrecht bij aanbestedingen voor een vaste grondprijs. Met duurzaamheid en kwaliteit van de architectuur zijn punten te verdienen. Dat doet Amsterdam niet, waardoor grondwaardes daar de pan uit rijzen. Architectuur wordt dan een sluitpost, wat armoedige architectuur oplevert.'

Gaat daar op landelijk niveau iets aan gedaan worden, nu er weer een minister van Volkshuisvesting en Ruimtelijke Ordening is? De Ru denkt dat de politieke partijen die het nu voor het zeggen hebben niet veel zullen veranderen. 'Bovendien kan de overheid de snelheid die nu nodig is in de woningbouw niet bijbenen. Kijk liever eens naar de Wederopbouw, hoe hebben we toen zo snel kunnen bouwen? Omdat architecten en aannemers heel dicht naast elkaar opereerden, innovaties ontstonden op de bouwplaats. Maaskant is het beste voorbeeld hiervan, hij was geïnteresseerd in de hele keten.'

Door de krachten van opdrachtgevers en ontwerpers te bundelen, zijn innovatie en snelheid in de bouw af te dwingen, weet De Ru, die behalve architect sinds 2015 ook opdrachtgever is. Bij het ontwerp van het Floating Office Rotterdam, een drijvend gebouw met een houten draagconstructie, kwamen die rollen samen. Behalve kantoorruimte voor het Global Center for Adaptation (GCA) zijn de eigen bedrijven van De Ru en een restaurant erin gevestigd. 'ABN AMRO koos

Korth Tielens en/and Heren 5 architecten, Eenhoornblokken/ Eenhoorn blocks, Amsterdam,

opdrachtgever/client: Ymere
Foto/Photo: Dennis De Smet

er vanuit strategische overwegingen voor het project te financieren. Terwijl een paar jaar eerder nog geen enkele belegger om houten gebouwen vroeg en je er geen bankfinanciering voor kon krijgen.'

Dit spreekt Laglas aan, die ook de traagheid van processen hekelt en zich afvraagt waarom bouwvakkers nog altijd in weer en wind beton staan te storten. Ze ziet een kans daarin verandering te brengen, nu klimaatverandering de bouwwereld onder druk zet. 'De opkomst van geprefabriceerde houten constructies helpt om tempo te maken en gebouwen te maken die verplaatsbaar zijn. Het levert lowtech gebouwen op die heel duurzaam zijn.'

Global capital

Hoe kijkt Verhoeven met zijn economische achtergrond aan tegen architecten die een rol als ondernemer oppakken? Al vroeg in zijn loopbaan viel hem al op hoe weinig architectuurstudenten met wie hij bevriend was over ondernemerschap leerden: 'Er is weinig begeleiding naar de praktijk toe, maar ook breder, naar de manier waarop mensen in gebieden en gebouwen gaan leven.' Ook De Ru is ervan overtuigd dat architecten al vroeg moeten leren omgaan met global capital. Laglas, in het verleden decaan van de faculteit Bouwkunde van de TU Delft, is minder geneigd het onderwijs op de schop te nemen: 'Naast het leren van vakmanschap is het van belang ook de ontwerpprocessen te verklaren en verder te ontwikkelen. Dit ontwerpende denken is essentieel, en landt ook op steeds meer plekken in de architectuurpraktijk. Wel maak ik me zorgen dat architecten niet meer bij de uitvoering betrokken zijn, want dan leren ze daar ook niets nieuws meer over.'

De Ru vindt dat een architect beter moeten beseffen dat hij een van de vele adviseurs is in een project. 'In de geschiedenis is een beeld ontstaan dat de architect de enige auteur is, terwijl opdrachtgevers, constructeurs en installateurs vaak

Making haste

The way Amsterdam is trying to wrest back control of the housing market differs from the approach taken by other municipalities, notes De Ru: 'When Utrecht issues a tender it opts for a fixed land price. And awards points for sustainability and architectural quality. Amsterdam doesn't do that, with the result that its land values are soaring. Architecture has zero priority and that results in inferior architecture.'

Will something be done about that at the national level now that there is once again a minister for housing and spatial planning? De Ru suspects that the political parties that are currently in charge won't change much. 'Besides, the government simply can't keep pace with the speed that is now needed in housing construction. Look instead at the post-war Reconstruction period; how did we manage to build so quickly back then? Because architects and contractors collaborated closely, innovations emerged on the building site. H.A. Maaskant is the best example of this; he was interested in the entire chain.'

Innovation and speed in building can be achieved when clients and designers combine forces, according to De Ru, who since 2015 is both architect and client. In the design of the Floating Office Rotterdam, which has a timber frame construction, those roles came together. In addition to office space for the Global Center for Adaptation (GCA), the building houses De Ru's own companies and a restaurant. 'ABN AMRO decided to finance the project based on strategic considerations. Yet a few years ago no investor was interested in timber buildings, and you couldn't get bank funding for them.'

This strikes a chord with Laglas, who also decries the slow processes and wonders why builders are still standing around in all weathers pouring concrete. She sees an opportunity to change that now that climate change has put the construction industry under pressure. 'The rise of prefabricated timber constructions

Shift architecture urbanism, Domūs Houthaven, Amsterdam, opdrachtgever/client: Synchroon
Beelden/Images: Shift architecture urbanism

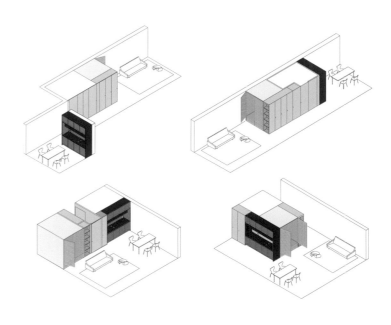

Powerhouse Company, Office Winhov, Mecanoo, SHoP Architects, Delva Landscape A+U, Codrico-terrein/Codrico terrain, Rijnhaven,

Rotterdam, opdrachtgever/client: RED Company
Foto/Photo: Filippo Bolognese

helps to speed things up and to make buildings that are relocatable. It delivers low-tech buildings that are highly sustainable.'

Global capital

What does Verhoeven, with this background in economics, think of architects adopting the role of developer? Quite early on in his career he noticed how few of the architecture students he knew were taught about entrepreneurship: 'There's not much preparation for actual practice, but even more broadly, for the way people are going to live in areas and buildings.' De Ru, too, is convinced that architects should learn early on how to deal with global capital. Laglas, one-time dean of the architecture faculty at TU Delft, is less inclined to overhaul the education programme: 'In addition to teaching the craft it is important to teach the processes involved in designing. This design-led thinking is essential, and it crops up in more and more places in architectural practice. It does worry me, though, that architects are not more involved in the actual construction because it means they don't learn anything new about it.'

De Ru thinks architects need to be more aware that they are just one of the many consultants in a project. 'In the course of history an image has evolved of the architect as the sole author, whereas the contribution made by clients, structural engineers and services engineers is often just as important. No good building has ever been made with an ineffective client.' There is general agreement that architecture is teamwork. Which is not to say that architects shouldn't question their design briefs, Verhoeven concedes: 'Developers need to make good use of an architect's knowledge and expertise and also give young architects a chance.' Together with the peak body for Dutch architecture practices (BNA), Synchroon came up with the Next Step Program for talented designers that fosters dialogue and cross-fertilization between young and old.

All three worry that some clients, intentionally or unintentionally, do not create sufficient scope for good architecture. The conviction that teamwork leads to a better outcome should not overwhelm the role of the architect. Laglas believes that in the preliminary and final design phases the conversation between architect and client delivers added value. 'This is where the parties involved learn to understand one another and agree on the details that are visually defining for the end result. But during that conversation the client must still be able, for example, to say: It's too expensive.'

een even belangrijke bijdrage hebben. Er is nog nooit een goed gebouw gemaakt met een zwakke opdrachtgever.' Ook de andere deelnemers aan het gesprek menen dat architectuur teamwork is. Dat betekent voor Verhoeven niet dat architecten hun opdrachten niet kritisch zouden mogen bevragen: 'Je moet als ontwikkelaar de kennis en kunde van een architect goed inzetten en ook jonge architecten de kans geven.' Samen met de Branchevereniging Nederlandse Architectenbureaus (BNA) heeft Synchroon het Next Step Program bedacht voor ontwerptalent, dat dialogen en kruisbestuivingen tussen jong en oud genereert.

Dat niet alle opdrachtgevers, bedoeld of onbedoeld, voldoende ruimte scheppen voor goede architectuur baart de deelnemers aan het gesprek zorgen. In de overtuiging dat teamwork tot een beter resultaat leidt, moet de rol van de architect niet ondersneeuwen. Laglas vindt dat in de fases VO (Voorlopig Ontwerp) en DO (Definitief Ontwerp) het gesprek tussen architect en opdrachtgever tot meerwaarde leidt. 'Hier leren de betrokken partijen elkaar begrijpen en leggen ze de details vast die beeldbepalend zijn voor het eindresultaat. Maar in dat gesprek moet de opdrachtgever bijvoorbeeld wel kunnen zeggen: dit is te duur.'

Een verantwoordelijk vak

Laglas vroeg als corporatiedirecteur regelmatig aan aannemers om ontwerpen verder uit te werken: 'Het resultaat van hun interpretatie werd dan wel opgevolgd met een toets waarin werd gekeken: hebben we het eigenlijk wel zo bedoeld?' De Ru is daarentegen van mening dat architecten en andere adviseurs opdrachten moeten krijgen die van het begin tot het eind van een proces lopen. Zijn ervaring is dat dat niet duurder hoeft te zijn, op voorwaarde dat er vanaf de start een goed team staat. 'Alle kennis moet aan boord zijn om een volledige tender package aan te leveren aan de uitvoerend aannemer.'

A responsible profession

When she was a housing association director Laglas regularly asked contractors to elaborate designs: 'The result of their interpretation was then checked to see that it accorded with the original intention.' For his part, De Ru believes that architects and other consultants should be given contracts that run from the beginning to the end of a process. In his experience this doesn't need to be more expensive, provided there's a good team in place from the outset. 'All the necessary expertise needs to be on board in order to deliver a full tender package to the main contractor.'

When architect De Ru set up his own building company two years ago, it was in order not be dependent on others anymore. Why? 'Because during the financial crisis contractors ditched a lot of expertise and now only purchase assembly kits. For any client wanting to realize quality work, that causes nothing but trouble.' Laglas disagrees: 'Don't forget, builders have their own milieu, their own network, meaning that they sometimes do things just a little differently. It's my belief that builders should take precedence in the building process.'

Verhoeven acknowledges that in highly complex inner-city projects there is a need to strike a balance between financial feasibility and the creativity of the architects. 'It's a responsible profession that demands dialogue,' he stresses more than once. He argues the case for a progressive building process. 'We have to make buildings to be cherished: beautiful buildings with the smallest possible ecological footprint, that will still be in use a hundred years from now.'

Twee jaar geleden richtte architect De Ru een eigen aannemersbedrijf op om niet langer afhankelijk te zijn. Waarom? 'Omdat aannemers in de crisis veel expertise eruit hebben gegooid en nu alleen nog bouwpakketten inkopen. Als je als opdrachtgever kwaliteit wil realiseren, dan heb je daar alleen maar last van.' Een conclusie die Laglas bestrijdt: 'Vergeet niet, bouwers hebben hun eigen omgeving, hun eigen netwerk, waardoor ze dingen soms net even anders doen. Ik geloof er juist in dat bouwers vooraan in het bouwproces moeten zitten.'

Verhoeven herkent ook de noodzaak om in de hoge complexiteit van binnenstedelijke projecten te zoeken naar een balans tussen haalbaarheid en de creatieve vermogens van architecten. 'Het is een verantwoordelijk vak dat vraagt om dialoog', benadrukt hij meermaals. Zijn pleidooi richt zich op een vooruitstrevende bouwpraktijk. 'We moeten gebouwen maken om van te houden: mooie gebouwen met een zo klein mogelijke ecologische voetafdruk, die over een eeuw nog in gebruik zijn.'

Delva Landscape Architecture/ Urbanism, Studioninedots, Skonk, Pompenburg, Rotterdam, opdrachtgever/client: Ontwikkel- combinatie Dura Vermeer, J.P. van Eesteren, Synchroon, gemeente Rotterdam, Havensteder
Foto/Photo: Vero

Foto's/Photos: **Eva Bloem**

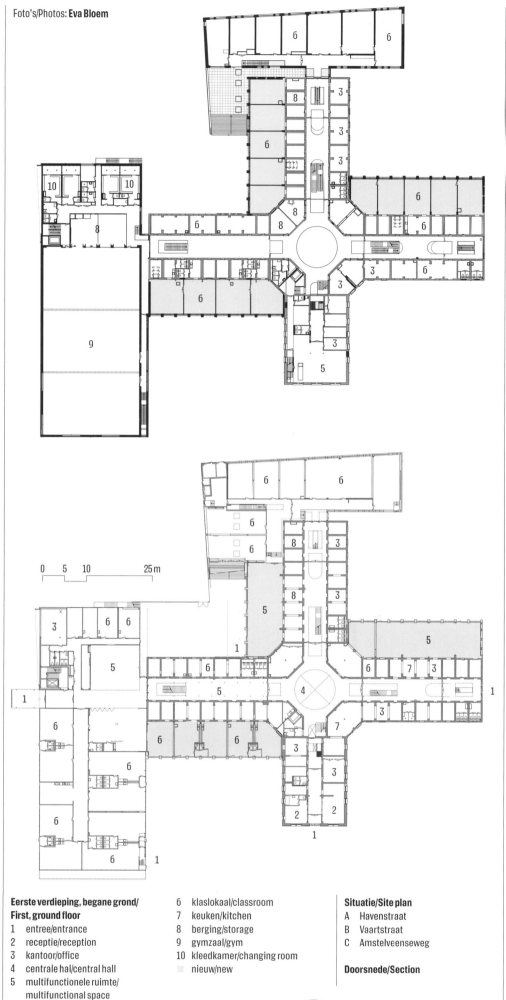

Atelier PRO architecten i.s.m. with Van Hoogevest Architecten

The British School of Amsterdam

Amsterdam
Opdrachtgever: The British School of Amsterdam, Amsterdam

Tot 2013 was dit Huis van bewaring, midden in Amsterdam-Zuid gelegen, nog in gebruik. Vier jaar later kocht The British School of Amsterdam het kruisvormige gebouw uit 1890. Met gedeeltelijk behoud van de bestaande structuur is er een onderwijsgebouw van gemaakt voor ruim duizend leerlingen tussen twee en achttien jaar oud.

Voor het creëren van alle verschillende gevraagde onderwijsruimtes bleken de cellen van 11 m² ongeschikt – grootschalige doorbraken zouden bovendien te duur zijn geweest. Nieuwe lokalen zijn daarom tegen drie van de vier vleugels aangelegd. De toegang loopt dwars door de, deels samengevoegde, cellen. De cellenstructuur komt tot uiting in getoogde ramen die de dakrand van de eindgevel vormgeven. De vierde vleugel biedt plaats aan de entree, kantoren en op de bovenste twee bouwlagen, een aula. In een apart volume naast de voormalige gevangenis is de gymzaal gebouwd, boven op de lokalen voor de peuters en kleuters, die direct toegang tot het schoolplein hebben.

Hoewel de ontwerpers graag een groene zoom om het gebouw wilden, heeft de speelplaats nu standaardbetontegels en een hoog hek. Een zachtere inrichting was hier op z'n plek geweest. Het gebouw heeft namelijk, ondanks de ingrijpende transformatie tot school, zijn strenge uitstraling behouden. De tralies voor de raamopeningen zijn op veel plekken gehandhaafd en de gangenstructuur is nog altijd dominant aanwezig. Toch valt het te prijzen dat het karakter overeind is gebleven. Amsterdam kent immers al meer dan genoeg transformaties waarin tegelijk met de oorspronkelijke functie ook de ziel uit een gebouw is verdwenen.

Eerste verdieping, begane grond/
First, ground floor

1	entree/entrance
2	receptie/reception
3	kantoor/office
4	centrale hal/central hall
5	multifunctionele ruimte/ multifunctional space
6	klaslokaal/classroom
7	keuken/kitchen
8	berging/storage
9	gymzaal/gym
10	kleedkamer/changing room
	nieuw/new

Situatie/Site plan
A   Havenstraat
B   Vaartstraat
C   Amstelveenseweg

Doorsnede/Section

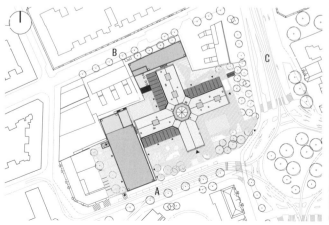

Foto/Photo: **Stadsarchief Amsterdam**

The British School of Amsterdam

Amsterdam
Client: The British School of Amsterdam, Amsterdam

This former prison in the middle of Amsterdam-Zuid was still in use until 2013. Four years later the cruciform building from 1890 was bought by The British School of Amsterdam. With partial preservation of the existing structure, the architects have created an educational complex for over one thousand pupils aged two to eighteen years.

The standard 11 m² cells were deemed unsuitable for the requisite schoolrooms and wholesale break-throughs would in any case have been too expensive, so new classroom blocks were added to three of the four wings. The access corridors run straight through the partially amalgamated cells. The cell structure is reflected in the arched windows that define the roof edge of the end elevation. The fourth wing houses the main entrance, offices and, on the top two floors, an auditorium.

A gym is located in a separate volume beside the former prison, on top of the classrooms for the pre-schoolers.

Although the designers had wanted a green border around the building, the playground has standard cement pavers and a tall fence. A softer design would have been appropriate here given that the building, despite its radical conversion to a school, has not lost its severe demeanour. The bars in front of the window openings have been retained in many places and the old corridor system is still a dominant presence. Yet it is also commendable that the character of the building has survived. Amsterdam already has more than enough conversion projects where the soul of the building has departed along with the original function.

architecten|
en|en &
diederendirrix

Vernieuwing 't Karregat

Eindhoven
Opdrachtgever: gemeente Eindhoven; Lidl Vastgoed, Huizen

In 1973 kwam de internationale vakwereld naar Eindhoven om
met eigen ogen 't Karregat te aanschouwen, een diensten-
centrum naar ontwerp van Frank van Klingeren. Het ontwerp
beantwoordde aan het model van een gedeelde samenleving:
wijkfuncties als een bibliotheek, een school en een sporthal
waren onder één dak samengebracht met commerciële functies
als een supermarkt, winkels en een snackbar. Al gauw leidde
de multifunctionaliteit tot (geluids)overlast en uiteindelijk tot
leegstand. In 2009 schreef de gemeente een aanbesteding uit
voor een algehele transformatie. De aaneenschakeling van wijk-
en commerciële functies is daarmee losgelaten.
In de eerste fase zijn de basisschool, kinderopvang en het wijk-
centrum opnieuw behuisd. De renovatiestrategie respecteerde
Van Klingerens structuur van een doorlopend dakvlak opge-
hangen aan een constructie van stalen 'paraplu's' waar het daglicht doorheen valt. Behalve bouwfysische verbeteringen is de
school uitgebreid met nieuwe tussenvloeren, die het domein
van de kinderen zijn geworden: volwassenen kunnen in de
ruimtes niet rechtop staan. Tussen de school en de kinderopvang
is een patio gemaakt, waarin een groene en een blauwe paraplu
van hun draagfunctie zijn ontdaan. Net als de overige 34 paraplu's zijn ze in de originele bonte kleurenmix geschilderd, een
ontwerp van kunstenaar Pierre van Soest.
De tweede helft van de renovatie was tijdens de economische
crisis stilgevallen, commerciële huurders haakten af. Toen Lidl
zich in 2018 meldde, lag de strategie al klaar. De supermarkt-
keten adopteerde alle principes van de eerste renovatiefase,
met als gevolg dat niet de eigen huiskleuren het interieur ervan
verlevendigen, maar alle kleuren van de regenboog.

Foto's/Photos: **BASE Photography**

Begane grond/Ground floor 1973
1 gemeenschapsruimte/
   community space
2 bibliotheek/library
3 school
4 kleuterklassen/kindergarten
5 supermarkt
6 sporthal/sports hall
7 huisarts/doctor

Begane grond/Ground floor 2020
1 entree supermarkt/
   supermarket entrance
2 entree school/school entrance
3 basisschool/primary school
4 kinderopvang/child care centre
5 aula/auditorium
6 bibliotheek/library
7 patio
8 gymzaal/gym
9 overdekt schoolplein/
   roofed playground
10 supermarkt/supermarket

Doorsnede kolom/Column section

Situatie/Site plan
A Broekakkerseweg
B Urkerhoveweg
C parkeren/parking
D buitenruimte school/
   outdoor school area

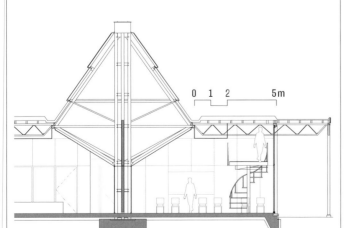

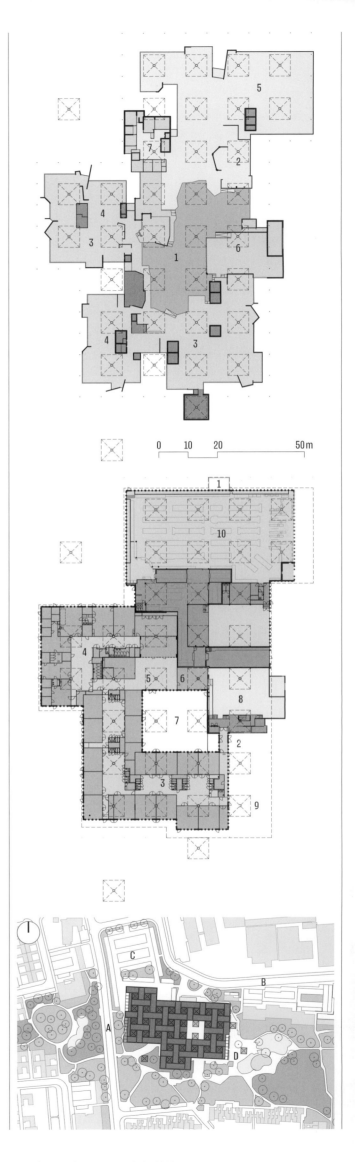

Renovation of 't Karregat

Eindhoven
Client: gemeente Eindhoven; Lidl Vastgoed, Huizen

In 1973 the international architectural world descended on Eindhoven to see with its own eyes 't Karregat, a multifunctional community centre designed by Frank van Klingeren. The design embodied the ideal of a shared society: neighbourhood functions like a library, school and sports hall were placed under one roof together with commercial functions like a supermarket, shops and a snack bar. That multifunctionality soon resulted in noise and other vexations and eventually to empty spaces. In 2009 the city council issued a tender for a wholesale transformation, thereby abandoning the idea of combined neighbourhood and commercial functions.

The first phase saw the rehousing of the primary school, child care centre and neighbourhood centre. The renovation strategy respected Van Klingeren's concept of a continuous roof surface supported by a structure of light-permeable steel 'parasols'. In addition to building performance improvements, the school was extended with two new mezzanine floors that have become the preserve of children – adults are unable to stand upright there. In a patio inserted between the school and the child care centre, a green and a blue parasol have been relieved of their load-bearing function. Like the other 34 parasols they have been repainted in the original mix of colours designed by the artist Pierre van Soest. The second stage of the renovation stagnated during the economic crisis as commercial tenants pulled out. When Lidl showed interest in 2018, the design strategy had already been set. The supermarket chain adopted all the principles of the first renovation phase with the result that its interior is enlivened not by its own brand colours but all the colours of the rainbow.

Foto's/Photos: **Het Nieuwe Instituut**

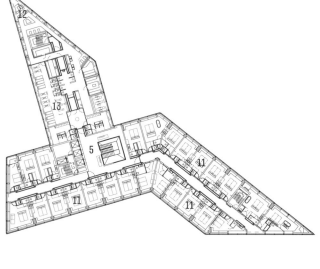

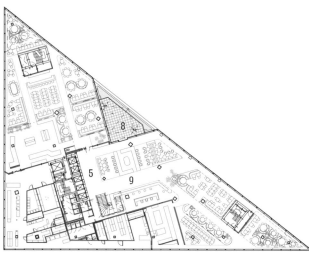

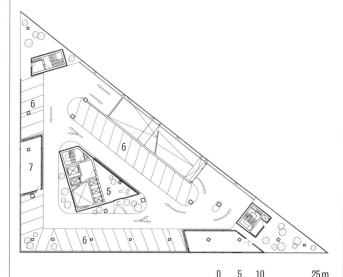

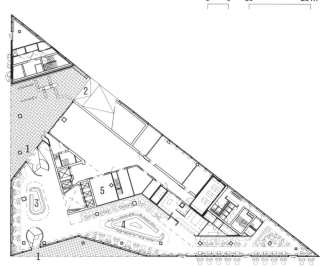

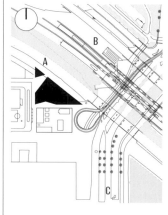

Situatie/Site plan
A   A10
B   spoorlijn/railway line
C   Europaboulevard

Dertiende, vijfde, eerste verdieping, begane grond/Thirteenth, fifth, first, ground floor
1   entree hotel/hotel entrance
2   inrit parkeergarage/car park entrance
3   minimarkt/minimarket
4   café
5   liften/lifts
6   parkeren/parking
7   tijdelijk atelier/temporary studio
8   dakterras/roof terrace
9   receptie/reception, bar, restaurant
10 conferentieruimten/conference rooms
11 hotelkamers/hotel rooms
12 sauna
13 fitnessruimte/fitness room

Doorsnede/Section

Wiel Arets Architects

Van der Valk Hotel Zuidas

Amsterdam
Opdrachtgever: Van der Valk Hotel Amsterdam Zuidas

De Zuidas heeft er een blikvanger bij van een heel ander soort dan de meeste andere gebouwen, waarvan er veel om aandacht schreeuwen. Het Van der Valk Hotel voegt zich juist subtiel in een hoek van de zakenwijk die wordt gekenmerkt door de enorme zendmast waaraan de Zuidas haar hoge internetsnelheid te danken heeft.
Het hotel speelt in op het schouwspel van voorbijrazende auto's, metro's en treinen. Door de driehoekige plattegrond en glazen gevels die op verschillende plekken naar binnen knikken, komt er veel licht binnen en kunnen bezoekers zich vergapen aan de dynamiek. Of het nu tijdens het wakker worden, het ontbijt of in de pauze van een congres is, overal bieden metershoge ramen maximaal zicht op de buitenwereld. Dat effect is het sterkst in de scherpe punten van de driehoek en in de sauna's en fitnessruimtes op de hoogste verdieping: daar is de vrije hoogte maar liefst vijf meter.
Om bij de receptie, bar en de restaurants te komen, gaan bezoekers meteen met een lift naar de vijfde verdieping, die met een vide is verbonden aan de zesde. Waar de gevel naar binnen knikt, liggen twee driehoekige dakterrassen. Erboven strekt het hotel van 240 kamers zich uit over zeven verdiepingen. Een parkeerkelder behoorde niet tot de mogelijkheden, dus is van de nood een deugd gemaakt. Op de onderste vier lagen zijn, behalve parkeerplekken, enkele ateliers voor kunstenaars gemaakt en een etalage gewijd aan de duurzame installaties van het energiezuinige gebouw.

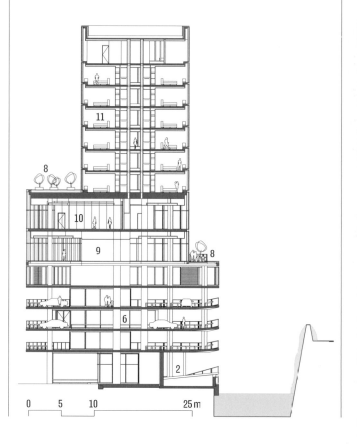

Van der Valk Hotel Zuidas

Amsterdam
Client: Van der Valk Hotel Amsterdam Zuidas

The Zuidas urban hub recently acquired an eye-catching building quite different from most of its neighbours, many of which clamour stridently for attention. The Van der Valk Hotel slots subtly into a corner of the business district defined by the enormous telecom tower to which the Zuidas owes its high Internet speeds.
The hotel makes the most of the spectacle of cars, metro and mainline trains whizzing past. The jagged, triangular plan-form and glazed elevations that angle inwards at various places, flood the interior with light and invite guests to feast their eyes on the dynamic view. Wherever you are – bedroom, dining room or conference break-out space – the metres-tall windows provide stunning views of the outside world. The effect is strongest in the acute angles of the triangle and in the saunas and fitness rooms on the top floor where the floor-to-ceiling height is a breathtaking five metres.
To reach reception, bar and restaurants, visitors take a lift straight to the fifth floor, which is connected to the sixth by a void. On these floors, where the elevation angles inwards, are two triangular terraces. Above this are a further seven floors containing 240 hotel rooms. A basement car park was not feasible, so this was turned into a virtue. In addition to parking, the bottom four floors contain several studios for artists and a display window dedicated to the energy-efficient hotel's sustainable building services.

MVRDV

Depot Boijmans Van Beuningen

Rotterdam
Opdrachtgever: Museum Boijmans Van Beuningen, Rotterdam;
Stichting De Verre Bergen, Rotterdam; gemeente Rotterdam

In dit publiek toegankelijke depot kunnen bezoekers de opge-
slagen collectie van het museum bezichtigen, alsook de wereld
achter het conserveren en restaureren ervaren. Daarnaast zijn
er film- en presentatieruimtes en een restaurant. De vorm van
het depot is geïnspireerd op een simpele roestvrijstalen IKEA-
schaal die op tafel stond toen het ontwerpteam aan het brain-
stormen was. Het gebouw is, net als de rvs schaal, aan de onder-
kant smal en buikt in totaal tien meter naar boven toe uit. De
gevel is volledig spiegelend, waardoor de stad erin reflecteert.
Het kunstdepot is meteen een populaire plek geworden waar
bezoekers en voorbijgangers selfies maken met de stad op de
achtergrond.
Het was de ambitie om de circulatie van bezoekers en de
opgeborgen collectie in één gebouw samen te brengen. Grote
vitrines tussen de trappen die elkaar kruisen in het atrium
zorgen ervoor dat bezoekers, lopend door het gebouw, voort-
durend in contact staan met kunst. Het grootste deel van de
collectie ligt achter glazen vensters op de verdiepingen en is
alleen toegankelijk voor groepen die een rondleiding krijgen.
Het interieur is bewust in de grijze tinten van beton, staal en
installaties gelaten om de objecten tot hun recht te laten
komen. Boven in het gebouw, op 35 meter hoogte, bevindt zich
het restaurant met daktuin, het zogenoemde dakbos. Depot
Boijmans Van Beuningen is een optimistisch gebouw, een
eyecatcher voor de stad. Voor 20 euro kan je naar binnen en na
sluitingstijd mag je gratis naar het dakterras om van het
prachtige uitzicht op de stad te genieten.

Foto's/Photos: **Ossip van Duivenbode**

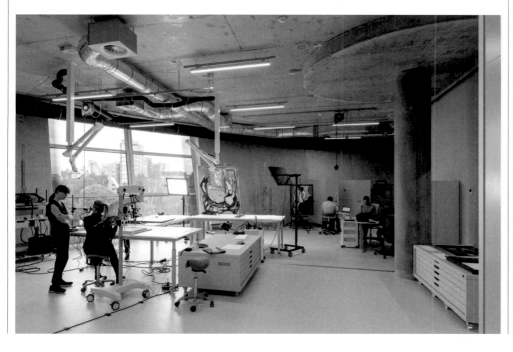

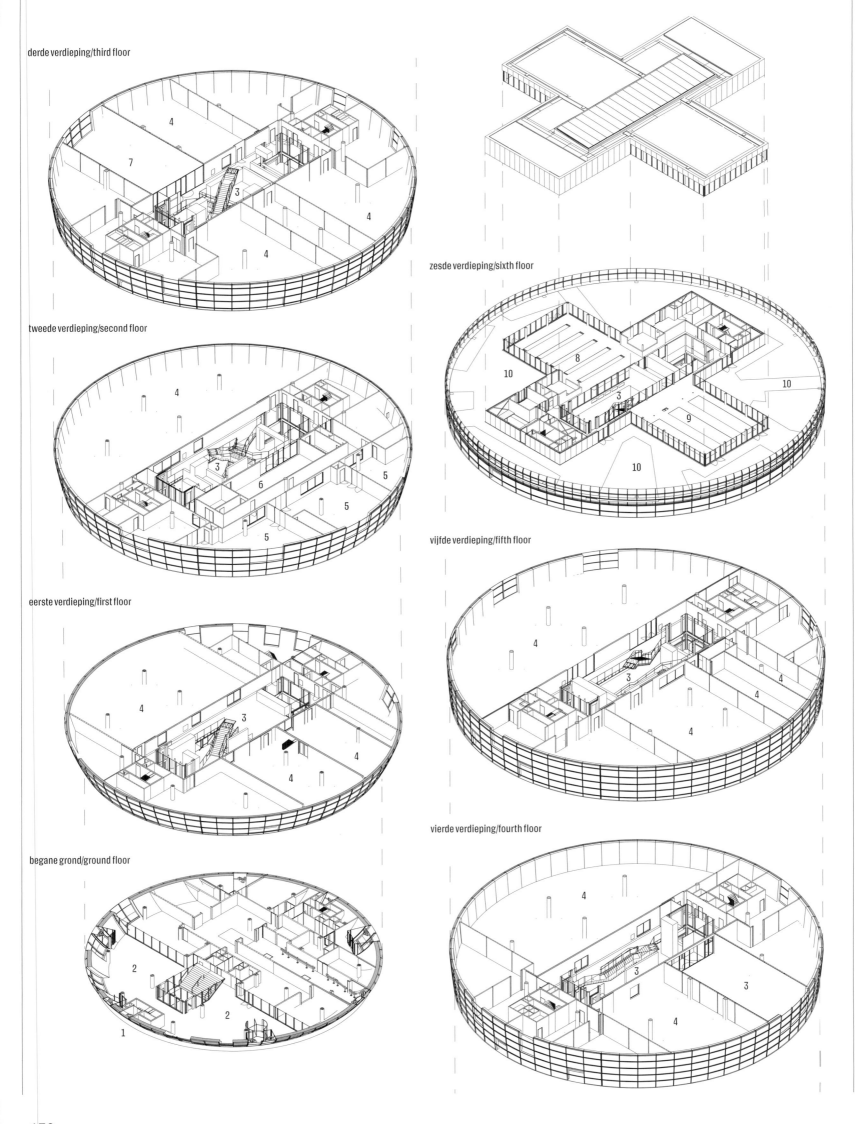

derde verdieping/third floor

tweede verdieping/second floor

eerste verdieping/first floor

begane grond/ground floor

zesde verdieping/sixth floor

vijfde verdieping/fifth floor

vierde verdieping/fourth floor

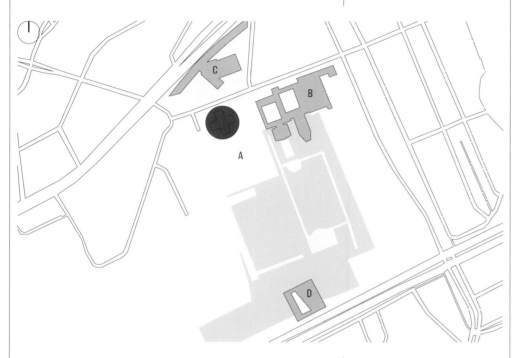

Doorsnede/Section

Depot Boijmans Van Beuningen

Rotterdam
Client: Museum Boijmans Van Beuningen, Rotterdam; Stichting De Verre Bergen, Rotterdam; gemeente Rotterdam

In this publicly accessible depot building visitors can view the museum's stored collection and catch a glimpse of the world of conservation and restoration. There are also screening and presentation rooms and a restaurant. The depot's shape was inspired by a simple stainless steel IKEA bowl that happened to be on the table during one of the design team's brainstorming sessions. Like that bowl, the building has a narrow base and then curves outwards to a total of ten metres. The entire outer wall is mirrored so that the surrounding city is reflected in it. The new depot was an instant hit with visitors and passers-by jostling to capture a selfie against this curved cityscape backdrop.
The aim of the project was to bring visitor circulation and the in-store collection together in a single building. In the atrium, huge display cases between the criss-crossing stairways ensure that visitors are always in contact with art while moving through the building. The bulk of the stored collection lies behind glazed windows on the upper floors and is only accessible to group guided tours. To allow the objects to be shown to advantage the interior colour palette was deliberately restricted to the various greys of concrete, steel and mechanical systems. At the top of the building, at a height of 35 metres, is a restaurant and roof garden, dubbed a 'rooftop wood'. Depot Boijmans Van Beuningen is an optimistic building, an eye-catcher for the city. During opening hours there is a 20 euro entrance fee; after hours you can visit the roof terrace and enjoy the superb view of city for free.

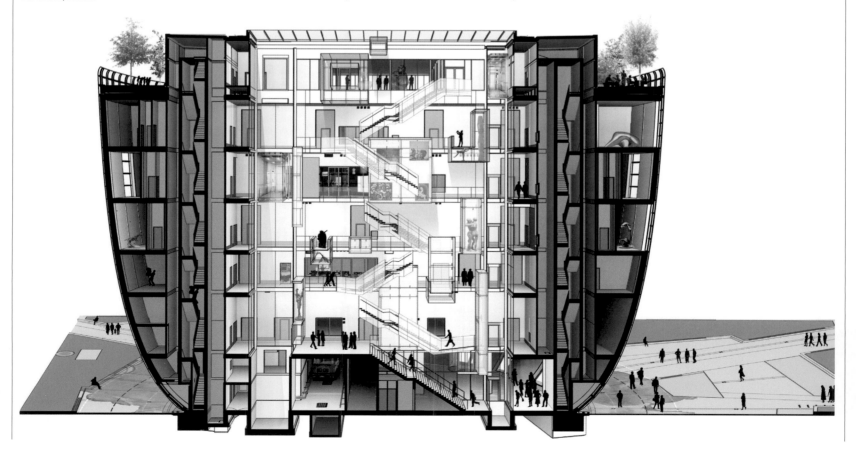

Foto's/Photos: **Stijn Poelstra**

BiermanHenket

Museum van Bommel van Dam

Venlo
Opdrachtgever: gemeente Venlo

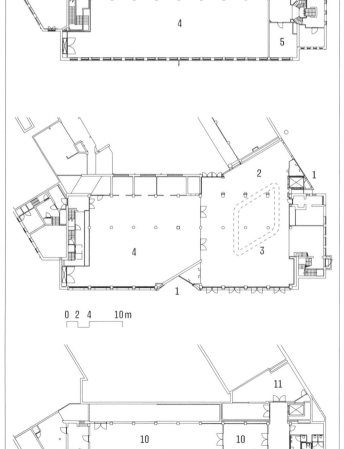

Tweede, eerste verdieping, begane grond/Second, first, ground floor
1 entree/entrance
2 museumwinkel/museum shop
3 museumcafé/museum café
4 tentoonstellingsruimte/exhibition space
5 kantoor/office
6 auditorium/lecture theatre
7 educatieruimte/educational space
8 sculptureel dakvenster/sculptural roof window
9 dakterras/roof terrace
10 depot
11 werkplaats/workspace

0 2 4   10m

Situatie/Site plan
A Keulsepoort
B Deken van Oppensingel
C Nassaustraat

In het centrum van Venlo heeft Museum van Bommel van Dam zijn intrek genomen in een hiervoor herbestemd postkantoor. Het rijksmonument werd in 1938 ontworpen door Hayo Hoekstra. De herbestemming is onderdeel van een groter stedenbouwkundig plan, waarbij Museum van Bommel van Dam en het Limburgs Museum, gelegen aan een park, een museumkwartier vormen. BiermanHenket ontwierp de renovatie van het museum, twee uitbreidingen en het interieur.

In het ontwerp staan duurzaamheid en toegankelijkheid centraal. Zo is het gebouw gasloos en is er zoveel mogelijk met duurzame en recyclebare materialen gewerkt. Het museum heeft twee entrees: een stads- en een parkentree. De stadsentree kenmerkt zich door biocomposiet panelen waarin de huisstijl van het museum is verwerkt. De parkentree is een van de grote ruimtelijke ingrepen. Een in de jaren 1980 geplaatst tussengebouw is vervangen door grote glazen puien in de plint. Op de eerste verdieping, waar het auditorium zich bevindt, is de gevel bekleed met aluminium shingles. Het aluminium is zo gebogen dat de vorm ervan refereert aan een envelop. Op de begane grond bevinden zich de balie, een museumcafé en een museumwinkel. Op de verdiepingen erboven beschikt het museum over 1.500 m^2 tentoonstellingsruimte, een educatieve ruimte, auditorium, kunstuitleen, werkplaatsen en kantoren; in de kelder bevinden zich een depot, een stijlkamer en werkplaatsen. Een openbare route door het gebouw, die zonder te betalen toegankelijk is, eindigt op het dak met een sculptureel vormgegeven venster dat uitzicht biedt op de straat. Vanwege het ontbreken van ruimtelijke prikkels of duidelijke bewegwijzering naar boven is binnen in het gebouw niet duidelijk dat de route openbaar is. De verbouwing van het museum onderscheidt zich in de subtiele verwijzingen naar de geschiedenis van het postkantoor, door de vorm van een envelop terug te laten keren in de gevelbekleding en als grafische opdruk in de vloer en in de huisstijl.

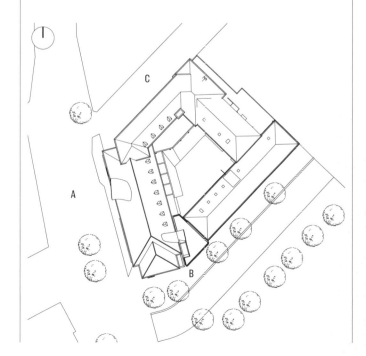

Museum van Bommel van Dam

Venlo
Client: gemeente Venlo

Museum van Bommel van Dam recently took up residence in a specially converted post office in the centre of Venlo. The conversion of the 1938 heritage building designed by Hayo Hoekstra is part of a larger spatial plan in which Museum van Bommel van Dam and the Limburgs Museum, linked by a park, together form a museum district. BiermanHenket designed the post office conversion, two extensions and the interior.

Sustainability and accessibility were key to the design. The building eschews the use of gas, and as many sustainable and recyclable materials as possible have been used. The museum has two entrances: from the city and from the park. The city entrance features biocomposite panels incorporating the museum's house style. The park entrance is one of the key spatial interventions. Here a 1980s interconnecting building was replaced by large, glazed walls at street level. At first floor level, where the auditorium is located, the facade is clad with aluminium shingles bent to suggest an envelope. The ground floor contains the reception desk, a museum café and a museum shop. On the floors above, the museum has over 1,500 m² of exhibition space, an educational space, auditorium, art library, workshops and offices; in the basement is a depot for undisplayed works, workshops and a period room. A freely accessible public route through the building ends on the roof in a sculptural periscope-window overlooking the street below. Unfortunately, owing to the lack of spatial cues or signage pointing upwards, it is not clear that this route is open to the public. The museum conversion contains subtle allusions to its previous life as a post office: the envelope motif returns in the facade cladding, in the graphic print in the floor and in the house style.

Foto/Photo: **Museum van Bommel Van Dam**

NOAHH i.s.m. with JCAU & NL Architects

Amare

Den Haag
Opdrachtgever: gemeente Den Haag

In cultuurgebouw Amare wonen verschillende culturele organisaties voor het eerst in hetzelfde 'huis'. Het biedt huisvesting aan Stichting Amare (voormalig Stichting Dans- en Muziekcentrum Den Haag), het Nederlands Dans Theater (NDT), het Residentieorkest en het Koninklijk Conservatorium. Het gebouw van 54.000 m² staat op de plek van het gesloopte Lucent Danstheater, ontworpen door OMA, en bevindt zich in het culturele hart van de stad. Amare is toegankelijk vanaf alle kanten met een gevel van verticaal vertakte betonnen kolommen die zich opent als een reeks theatergordijnen. De sierlijk vormgegeven kolommen staan precies acht meter uit elkaar, passend op het grid van de hergebruikte ondergrondse parkeergarage. Amare heeft geen hoofdingang. Het entreegebied is eerder een groot plein waar bezoekers vrij doorheen kunnen bewegen. Vanaf hier volgen verschillende foyers elkaar op, die dienen als ontvangst- en ontmoetingsruimte van de vier organisaties. Door middel van vides, patio's en interne routes zijn er verbindingen gemaakt tussen de ruimtes van de afzonderlijke gebruikers. Hierdoor kunnen bijvoorbeeld studenten van het Conservatorium luisteren en kijken naar de professionals.
De afzonderlijke zalen hebben voor een optimale akoestiek een eigen draagconstructie en fundering. Ze zijn daarom naast elkaar geplaatst, met muziekstudio's en lesruimten eromheen. Elke zaal onderscheidt zich door materiaalgebruik dat past bij de eigen identiteit van de organisatie. Het Danstheater heeft een donker interieur dat refereert aan de zaal van het oude Lucent Danstheater, de Concertzaal heeft een meer klassieke uitstraling, met betonnen wandafwerkingen en goudkleurige schuifpanelen die de akoestiek reguleren. Met de vele verschillende gebruikers, van jonge kinderen tot professionals, de rijke programmering en de vele tussenruimten voor bezoekers is Amare een bijzondere toevoeging aan het culturele veld in Den Haag.

Foto/Photo: **Mike Madder**

Foto/Photo: **J.R. Kikkert**

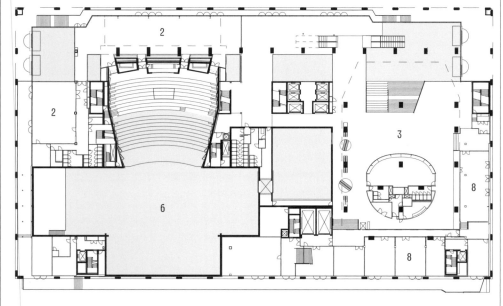

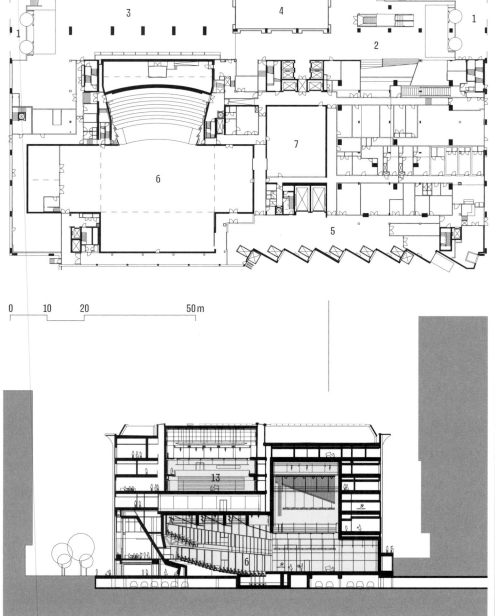

**Eerste verdieping, begane grond/
First, ground floor**

1 entreezone/entrance area
2 foyer
3 plein/square
4 commerciële ruimte/commercial
   space
5 expeditie/delivery
6 Danstheaterzaal
7 NDT black box
8 break-out rooms
9 NDT oefenzalen/practice rooms
10 Concertzaal
11 artiestenfoyer/green room
12 oefenruimten/practice rooms
13 Conservatoriumzaal

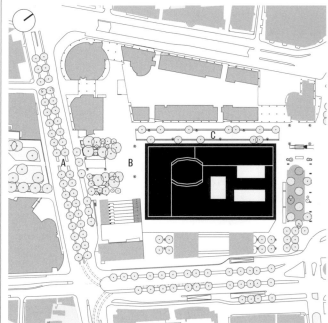

Situatie/Site plan

A Spui
B Spuiplein
C Turfmarkt

Doorsnede/Section

0 10 20 50 m

Amare

The Hague
Client: gemeente Den Haag

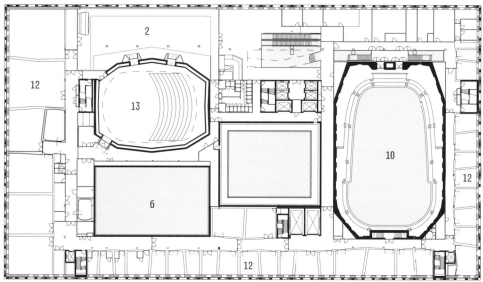

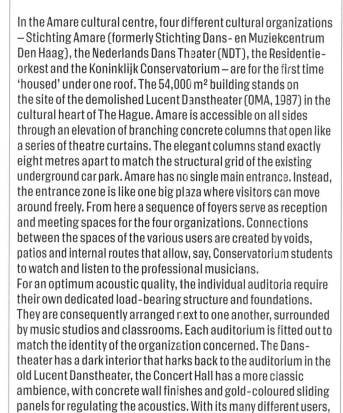

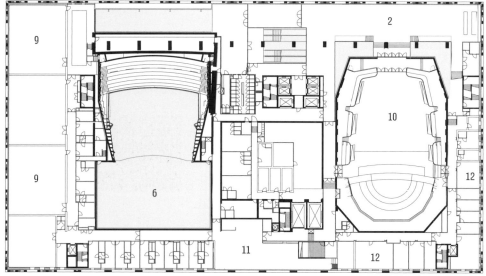

Vierde, tweede verdieping/
Fourth, second floor

In the Amare cultural centre, four different cultural organizations – Stichting Amare (formerly Stichting Dans- en Muziekcentrum Den Haag), the Nederlands Dans Theater (NDT), the Residentie-orkest and the Koninklijk Conservatorium – are for the first time 'housed' under one roof. The 54,000 m² building stands on the site of the demolished Lucent Danstheater (OMA, 1987) in the cultural heart of The Hague. Amare is accessible on all sides through an elevation of branching concrete columns that open like a series of theatre curtains. The elegant columns stand exactly eight metres apart to match the structural grid of the existing underground car park. Amare has no single main entrance. Instead, the entrance zone is like one big plaza where visitors can move around freely. From here a sequence of foyers serve as reception and meeting spaces for the four organizations. Connections between the spaces of the various users are created by voids, patios and internal routes that allow, say, Conservatorium students to watch and listen to the professional musicians.

For an optimum acoustic quality, the individual auditoria require their own dedicated load-bearing structure and foundations. They are consequently arranged next to one another, surrounded by music studios and classrooms. Each auditorium is fitted out to match the identity of the organization concerned. The Danstheater has a dark interior that harks back to the auditorium in the old Lucent Danstheater, the Concert Hall has a more classic ambience, with concrete wall finishes and gold-coloured sliding panels for regulating the acoustics. With its many different users, from young children to professionals, the rich programming and the many intermediate spaces for visitors, Amare is a superb addition to the cultural world of The Hague.

Doorsnede/Section

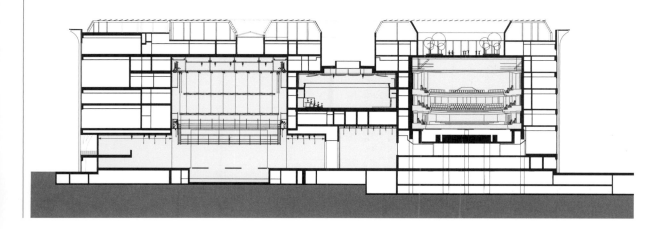

Technische gegevens
Technical information

SO Schetsontwerp/Sketch design
VO Voorlopig ontwerp/Provisional design
DO Definitief ontwerp/Final design
TO Technisch ontwerp/Technical design
UO Uitvoeringsontwerp/Detailed design
U   Uitvoering/Implementation

p. 24
HP architecten
Renovatie en verduurzaming Rechthuislaan/
Renovation and sustainable retrofit
Rechthuislaan
Rechthuislaan
Rotterdam

Architect:
HP architecten, Rotterdam
Betrokkenheid bij ontwerpfases/
Involvement in design phases:
SO–DO: ontwerp en tekenwerk/
design and drawings
U: esthetische begeleiding/
aesthetic supervision
Projectarchitect/Project architect:
Manou Huijbregts
Medewerkers/Contributors:
Jeroen Wassing, Karolina Wrzosowska,
Emilija Juodyte
Ontwerp – Oplevering/Design – Completion:
2017–2021
Opdrachtgever/Client:
Woonstad Rotterdam
Aannemer/Contractor:
SW Vastgoedverbetering, Rotterdam
Constructeur/Structural engineer:
Fevzi Atçeken, ATKO B.V., Rotterdam
Installatieadviseur, bouwfysica/Building services
consultant, building physics:
Perry Moerman, Wolf Dikken adviseurs,
Rotterdam
Bouwdirectie/Construction management:
Woonstad Rotterdam i.s.m./with
HP architecten, Rotterdam
Kale bouwsom/Net building costs:
€ 2.800.000

p. 28
Zecc Architecten
Tijdelijke Huisvesting Tweede Kamer/Temporary
housing of the House of Representatives
Bezuidenhoutseweg 67
Den Haag/The Hague

Architect:
Zecc Architecten, Utrecht
Betrokkenheid bij ontwerpfases/
Involvement in design phases:
SO–UO: ontwerp en tekenwerk/
design and drawings
U: esthetische controle/aesthetic supervision
Projectarchitecten/Project architects:
Bart Kellerhuis, Mario van Kooij
Medewerkers/Contributors:
Marnix van der Meer, Jeroen den Hertog,
Marjo Langbroek, Roy van Maarseveen, Koen
Pörtzgen, Jordi Rondeel, Redmer Weijer
Ontwerp – Oplevering/Design – Completion:
2017–2021
Opdrachtgever/Client:
Rijksvastgoedbedrijf, i.s.m./with
Tweede Kamer der Staten-Generaal, Den Haag/
The Hague
Aannemer/Contractor:
Strukton Worksphere, Utrecht
Constructeur/Structural engineer:
IMd Raadgevende Ingenieurs, Rotterdam
Installatieadviseur/Building services consultant:

Valstar Simonis, Rijswijk
Bouwfysica en akoestiek/
Building physics and acoustics:
Peutz, Zoetermeer
Logistiek en verlichting/Logistics and lighting:
Theateradvies, Westzaan
Grootkeuken/Industrial kitchen:
Hospitality Group, Amersfoort
Ontwerpmanager, bouwdirectie/Design manager,
construction management:
Stevens Van Dijck Bouwmanagers en Adviseurs,
Zoetermeer
Interieurarchitect/Interior designer:
Zecc Architecten, Utrecht
Landschapsarchitect/Landscape architect:
Ingenieursbureau gemeente Den Haag
Kunstenaars/Artists:
Jos de Putter (installatie/installation plenaire
zaal/chamber); Peter Vink (verlichting/lighting
Prinses Irenepad); Aectual (3D print luifel/
3D print canopy)
Bruto vloeroppervlak/Gross floor area:
ca. 80.000 m²

p. 32
Happel Cornelisse Verhoeven
Tijdelijke Huisvesting Eerste Kamer en Raad van
State/Temporary housing of the Senate and
Council of State
Lange Voorhout 34-36
Den Haag/The Hague

Architect:
Happel Cornelisse Verhoeven, Rotterdam
Betrokkenheid bij ontwerpfases/
Involvement in design phases:
SO–TO: ontwerp en tekenwerk/
design and drawings
UO–U: esthetische begeleiding en controle/
aesthetic supervision
Ontwerp – Oplevering/Design – Completion:
2017–2021
Opdrachtgever/Client:
Rijksvastgoedbedrijf, Den Haag/The Hague
Aannemer/Contractor:
Dura Vermeer Bouw Heyma, Rotterdam
Constructeur/Structural engineer:
Movares, Utrecht
Installatieadviseur, bouwfysica/
Building services consultant, building physics:
Movares, Utrecht
Bouwdirectie/Construction management:
BBC Bouwmanagement B.V., Etten-Leur
Kunstenaars/Artists:
Kasper Bosmans (gevel/facade Kazernestraat);
Navid Nuur (plenaire zaal/chamber)
Grafisch ontwerp/Graphic design:
Reynoud Homan (signing, symboliek plenaire
zaal/signage, symbolism chamber)
Textielontwerp/Textile design:
Aleksandra Gaca (karpetten tuinkamer/
garden room carpets)

p. 36
KAAN Architecten
Rechtbank Amsterdam /
Amsterdam Courthouse
Parnassusweg 280
Amsterdam

Architect:
KAAN Architecten, Rotterdam
Betrokkenheid bij ontwerpfases/
Involvement in design phases:
SO–UO: ontwerp en coordinatie/
design and coordination
U: esthetische directie/aesthetic management
Projectarchitecten/Project architects:
Kees Kaan, Vincent Panhuysen, Dikkie Scipio
Medewerkers/Contributors:
Michael Baas, Beatrice Bagnara, Sjoerd
Boomars, Koen Bosman, Dennis Bruijn,

Sebastiaan Buitenhuis, Robin Cals, Jana Culek,
Sebastian van Damme, Marten Dashorst, Luuk
Dietz, Cecilia Dobos, Ana Rivero Esteban, Paolo
Faleschini, Raluca Firicel, Michael Geensen, Lisa
Goes, Narine Gyulkhasyan, Thomas Hayat,
Martine Huijsmans, Marlon Jonkers, Lianne
Klitsie, Jasmijn Kok, Moritz Kuhl, Marco Lanna,
Antony Laurijsen, Yinghao Lin, Johandry Martina,
Marija Mateljan, Martina Margini, Julian O'Neale,
Laura Ospina, Kevin Park, Claudio Zampaglione
Extern team/External team:
Teun van Dooren (ABT), Siebe Besseling (ABT),
Martijn Schuil (EGM)
Ontwerp – Oplevering/Design – Completion:
2016–2021
Opdrachtgever/Client:
Rijksvastgoedbedrijf, Den Haag/The Hague
Hoofdaannemer/Main contractor:
Consortium NACH, Amsterdam
Integrale aannemer, installaties, gebouwbeheer/
Combined contractor, building services, building
management:
Heijmans, Rosmalen
Constructies, installaties, bouwfysica,
brandveiligheid, beveiliging/Structural and
MEP engineering, building physics, fire safety,
security:
ABT, Velp
Financier/Investor:
Macquarie Capital, Amsterdam
Management:
DVP, Den Haag/The Hague
Onderhoud & facilitaire dienstverlening/
Maintenance & operation:
Facilicom, Schiedam
Interieurarchitect/Interior designer:
KAAN Architecten, Rotterdam
Landschapsarchitect/Landscape architect:
Simona Serafino Landscape Architect,
Amsterdam
Kunstenaars/Artists:
Nicole Eisenman (voorplein/forecourt);
Femmy Otten (zittingszalen/courtrooms);
Jesse Wine (verdiepte tuin/sunken garden)
Kale bouwsom/Net building costs:
€ 235.000.000
Bruto vloeroppervlak/Gross floor area:
60.200 m²

p. 46
Studio Nauta & De Zwarte Hond
School by a School
Willem Sprengerstraat 77
Leeuwarden

Architecten/Architects:
Studio Nauta, Rotterdam
De Zwarte Hond, Rotterdam
Betrokkenheid bij ontwerpfases/
Involvement in design phases:
SO–UO: ontwerp en tekenwerk/
design and drawings
U: esthetische begeleiding/aesthetic supervision
Projectarchitecten/Project architects:
Jan Nauta, Bart van Kampen
Medewerkers/Contributors:
Benjamin Filbey, Marco Overwijk,
Iso van der Meer
Verantwoordelijke stedenbouwer/Urban planner:
Gemeente Leeuwarden
Ontwerp – Oplevering/Design – Completion:
2017–2021
Opdrachtgevers/Clients:
PCBO Leeuwarden; Gemeente Leeuwarden;
Sinne Kinderopvang, Leeuwarden
Aannemer/Contractor:
Dijkstra Draisma, Dokkum
Constructeur/Structural engineer:
Jansen Wesselink, Drachten
Installatieadviseur, bouwfysica/
Building services consultant, building physics:
Adviesbureau Sijperda-Hardy, IJlst

Bouwdirectie/Construction management:
Lindhorst Huisvestingadviseurs B.V., Hoogeveen
Kale bouwsom/Net building costs:
€ 2.520.000
Bouwkosten per m²/Building costs per m²:
€ 1.500
Bruto vloeroppervlak/Gross floor area:
1.680 m²
Verhuurbaar vloeroppervlak/Lettable floor area:
1.600 m²

p. 50
Olaf Gipser Architects
Stories
Ridderspoorweg 170
Amsterdam

Architect:
Olaf Gipser Architects, Amsterdam
Betrokkenheid bij ontwerpfases/
Involvement in design phases:
Initiatieffase-SO-VO-DO-aanvraag
omgevingsvergunning-TO-UO; en vanaf de
realisatie betrokken voor de esthetische
begeleiding/Initial phase, Sketch, Provisional
and Definitive Design, Environmental Permit
application, Technical and Detailed Design; and
post-completion aesthetic supervision
Projectarchitect/Project architect:
Olaf Gipser
Medewerkers/Team:
Erik Feenstra, Monique Hutschemakers,
Jacoba Istel, Simona Puglisi, Jean-Marc Saurer,
Jan-Dirk Valewink, Abdullah Zakrat
Verantwoordelijke stedenbouwer/Urban planner:
Gemeente Amsterdam
Ontwerp – Oplevering/Design – Completion:
2016–2021
Opdrachtgever/Client:
Bouwgroep CPO Samenwerkers BSH20A,
Amsterdam
Aannemer/Contractor:
Heutink Groep, Genemuiden
Landschapsarchitect/landscape architect:
SMARTLAND landscape architects, Amsterdam
Constructeur/Structural engineer:
Alferink van Schieveen, Zwolle
Installatieadviseur, bouwfysica/
Building services consultant, building physics:
Technisch adviesburo Duinwijck, Baarn
Bouwdirectie/Construction management:
Arjan van Herk, Heutink Groep, Genemuiden
Kale bouwsom/Net building costs:
€ 17.500.000 incl. btw/VAT
Bouwkosten per m²/Building costs per m²:
€ 2.075 excl. btw/VAT
Bruto vloeroppervlak/Gross floor area:
4.878 m²

p. 54
Moke Architecten
De Wereldburger
Koos Vorrinkweg 5
Amsterdam

Architect:
Moke Architecten, Amsterdam
Betrokkenheid bij ontwerpfases/
Involvement in design phases:
SO–UO: ontwerp en tekenwerk/
design and drawings
U: esthetische ondersteuning, en begeleiding
van de technische controle/aesthetic support,
and supervision of technical management
Projectarchitect/Project architect:
Gianni Cito
Medewerkers/Contributors:
Patrick de Weerd (projectleider/project leader),
Hao Tran (medewerker/contributor), Martina
Penati (stagiair/intern)
Ontwerp – Oplevering/Design – Completion:
2019–2021

Opdrachtgever/Client:
Gemeente Amsterdam (Shantala Zurheide, Fons Baas, Milena Mulder Jovanovic)
Aannemer/Contractor:
Aannemingsmaatschappij Friso Almere B.V., Almere
Constructeur/Structural engineer:
Hubert Kuijpers, Pieters Bouwtechniek, Amsterdam
Installatieadviseur, bouwfysica/Building services consultant, building physics:
ir. Eric Bouten, B&I ontwerp en advies, Nijmegen
Bouwdirectie/Construction management:
Linda van der Hoorn, Horizon Projecten Projectmanagement en Interieuradvies, Amsterdam
Interieurarchitect/Interior designer:
Moke Architecten, Amsterdam
Landschapsarchitect/Landscape architect:
Landlab, Arnhem
Bruto vloeroppervlak/Gross floor area:
3.000 m²

p. 58
Unknown Architects
Huis in de Duinen
West-Terschelling

Architect:
Unknown Architects, Amsterdam
Betrokkenheid bij ontwerpfases/
Involvement in design phases:
SO–UO: ontwerp en tekenwerk/ design and drawings
U: toezicht, ondersteuning van de directie/ supervision, management support
Projectarchitecten/Project architects:
Daan Vulkers, Keimpke Zigterman
Medewerkers/Contributors:
Sven Berg, Paula Bloma, Yeh Yen Kang, Yiming Yang
Ontwerp – Oplevering/Design – Completion:
2018–2021
Opdrachtgever/Client:
Fam. Bachman (particulier/private)
Aannemer/Contractor:
Kolthof Bouwbedrijf B.V., Stiens
Constructeur/Structural engineer:
H4D Raadgevende Ingenieurs B.V., Dongen
Installatieadviseur, bouwfysica/Building services consultant, building physics:
Adviesbureau VanderWeele, Groningen
Bouwdirectie/Construction management:
Petro van Oort i.s.m./with Unknown Architects
Interieurbouwer/Interior fitters:
Ham, Post & Van Huystee meubelmakers/ interieurbouw
Interieurarchitect/Interior designer:
Unknown Architects, Amsterdam
Bruto vloeroppervlak/Gross floor area:
178 m²
Verhuurbaar vloeroppervlak/Lettable floor area:
119 m²

p. 66
Studio Libeskind i.s.m./with Rijnboutt
Nationaal Holocaust Namenmonument / National Holocaust Names Memorial
Weesperstraat
Amsterdam
Architect:
Studio Libeskind, New York
Co-architect:
Rijnboutt, Amsterdam
Betrokkenheid bij ontwerpfases/
Involvement in design phases:
Rijnboutt:
DO–UO: ontwerp en tekenwerk/ design and drawings
U: esthetische begeleiding/aesthetic supervision
Projectarchitecten/Project architects:
Stefan Blach, Johan van Lierop (Studio

Libeskind), **Bart van der Vossen, Paul Beijeman (Rijnboutt)**
Medewerkers/Contributors:
Studio Libeskind: Daniel Libeskind, Stefan Blach, Johan van Lierop, Alex Tahinos
Rijnboutt: Bart van der Vossen, Richard Koek, David Philipsen, Jan Oudeman, Jordy van der Veen, Marcel Bakker, Margret van den Broek, Marian Enders, Max Both, Patrick Kolanczyk, Paul Beijeman, Petrouschka Thumann, Rob Korlaar
Ontwerp – Oplevering/Design – Completion:
2016–2021
Opdrachtgever/Client:
Nederlands Auschwitz Comité, Amsterdam
Aannemer/Contractor:
Koninklijke Woudenberg, Ameide
Constructeur/Structural engineer:
IMd Raadgevende Ingenieurs, Rotterdam
Installatieadviseur, bouwfysica/Building services consultant, building physics:
Swart installatietechniek, Amsterdam
Bouwdirectie/Construction management:
Aumento B.V., Drachten
Lichtontwerp/Light design:
Ulrike Brandi Licht, Hamburg
Landschapsarchitect/Landscape architect:
Rijnboutt, Amsterdam
Techniek rvs belettering/Stainless steel lettering engineering:
AIP Partners, Hengelo
Steen- en metseladvies, onderzoek graveertechniek/Brick and masonry consultant, engraving research:
Metselwerk Adviesbureau Vekemans, Tilburg
Graveerwerk/Engraving:
Reijnders Graveer- en Lasertechniek, Gorinchem
Projectmanagement/Project management:
Rohlfs Advies en Projectbegeleiding, Koog aan de Zaan
Ontwikkeling baksteen/Brick design:
Rodruza, Nijmegen
Kale bouwsom/Net building costs:
€ 9.240.000 excl. btw/VAT
Bruto vloeroppervlak/Gross floor area:
1.700 m² (perceelgrootte/plot size)

p. 70
BureauVanEig B.V.
Eindgemaal Rivierenbuurt / End pumping station Rivierenbuurt
President Kennedylaan
Amsterdam

Architect:
BureauVanEig, Rotterdam
Betrokkenheid bij ontwerpfases/
Involvement in design phases:
SO–TO: ontwerp en tekenwerk/ design and drawings
UO–U: esthetische begeleiding en controle/ aesthetic supervision
Projectarchitect/Project architect:
Marjolein van Eig
Medewerkers/Contributors:
Roy van den Brand, Melvin van den Houdt, Jeroen de Winter
Ontwerp – Oplevering/Design – Completion:
2019–2022
Opdrachtgever/Client:
Waternet, Gemeente Amsterdam
Aannemer/Contractor:
Gebr. Beentjes, Uitgeest
Constructeur/Structural engineer:
De Haan Consult ingenieurs- en adviesbureau B.V., Hoofddorp
Installatieadviseur, bouwfysica/
Building services consultant, building physics:
RHDHV, Peutz
Bouwdirectie/Construction management:
Waternet, Gemeente Amsterdam; De Haan Consult ingenieurs- en adviesbureau B.V., Hoofddorp

Kale bouwsom/Net building costs:
€ 70.000
Bruto vloeroppervlak/Gross floor area:
21 m²

p. 72
Kossmanndejong & Loerakker Olsson Architecten
Beth Haim
Kerkstraat 10
Ouderkerk aan de Amstel

Architecten/Architects:
Kossmanndejong, Amsterdam
Loerakker Olsson Architecten, Amsterdam-Kopenhagen/Copenhagen
Betrokkenheid bij ontwerpfases/
Involvement in design phases:
SO–UO: ontwerp en tekenwerk/ design and drawings
U: coördinatie, toezicht en verantwoordelijkheid van technische uitwerking/coordination and supervision of, and responsibility for technical elaboration
Projectarchitecten/Project architects:
Herman Kossmann, Jan Loerakker
Medewerkers/Contributors:
Lea Olsson, Alejandra Calderon, Remco Swart
Ontwerp – Oplevering/Design – Completion:
2013–2021
Opdrachtgever/Client:
Stichting Cultureel Erfgoed Portugees-Israëlietische Gemeente, Amsterdam
Aannemer/Contractor:
Aalberts bouw, Loosdrecht
Constructeur/Structural engineer:
dioCon, Limmen
Bouwdirectie/Construction management:
Caransa groep B.V., Amsterdam
Landschapsarchitect/Landscape architect:
Donkergroen, Sneek i.s.m./with Kossmanndejong & Loerakker Olsson architecten, Amsterdam/Kopenhagen
Interieurarchitect/Interior designer:
Kossmanndejong & Loerakker Olsson architecten, Amsterdam-Kopenhagen/ Copenhagen
Kale bouwsom/Net building costs:
€ 300.000
Bouwkosten per m²/Building costs per m²:
€ 6.000
Bruto vloeroppervlak/Gross floor area:
50 m²

p. 76
Studio L A
Geheugenbalkon
Hereweg/Ring Zuid (A7)
Groningen

Architect:
Studio L A, Amsterdam
Betrokkenheid bij ontwerpfases/
Involvement in design phases:
SO–DO: ontwerp en tekenwerk/ design and drawings
TO–U: esthetische begeleiding en controle/ aesthetic supervision
Projectarchitecten/Project architects:
Lorien Beijaert, Arna Mačkić
Verantwoordelijke stedenbouwer/Urban planner:
Gemeente Groningen
Ontwerp – Oplevering/Design – Completion:
2018–2021
Opdrachtgever/Client:
Kunstpunt Groningen
Aannemers/Contractors:
Combinatie Herepoort, Groningen; Mannen van Staal, Leeuwarden
Constructeurs/Structural engineers:
Job Klijn, Combinatie Herepoort, Groningen; NAP Ingenieurs, Amsterdam (controle/inspection)

Installatieadviseurs, bouwfysica/
Building services consultants, building physics:
Combinatie Herepoort, Groningen; Mannen van Staal, Leeuwarden
Bouwdirectie/Construction management:
Combinatie Herepoort, Groningen

p. 80
Inbo
Nationaal Monument Kamp Amersfoort
Laan van Overeemlaan 19
Leusden

Architect:
Inbo B.V., Amsterdam
Betrokkenheid bij ontwerpfases/
Involvement in design phases:
SO–U: ontwerp en tekenwerk incl. volledige directievoering/design and drawings incl. overall management
Projectarchitect/Project architect:
Jacques Prins
Medewerkers/Contributors:
Tom Hartmanns, Maarten Hooijmeijer, André Kanters, Igor Sokolov, Frans Timmers, Bart van Veen, Mas van Vliet, Stephanie Zeulevoet
Ontwerp – Oplevering/Design – Completion:
2017–2021
Opdrachtgever/Client:
Nationaal Monument Kamp Amersfoort
Aannemer/Contractor:
Salverda Bouw, 't Harde
Constructeur/Structural engineer:
Pieters Bouwtechniek, Delft
Installatieadviseur, bouwfysica/
Building services consultant, building physics:
Deerns Raadgevende Ingenieurs, Rijswijk
Bouwdirectie/Construction management:
Royal Haskoning DHV, Amersfoort
Tentoonstellingsontwerp/Exhibition design:
Tinker Imagineers, Utrecht (Erik Bär, Nienke van den Berg, Paul van Houten, Wendy Oattes van der Knijff)
Landschapsarchitect/Landscape architect:
Juurlink [+] Geluk B.V., Rotterdam (Cor Geluk, Udin Verheij)
Kale bouwsom/Net building costs:
€ 3.250.000 excl. btw/VAT (incl. installaties, terrein/building services, site)
Bruto vloeroppervlak/Gross floor area:
1.126 m² museum; 3.817 m² terrein/site

p. 84
WDJArchitecten
Tuin van Noord
Noordsingel 113 K-Z, Noordsingel 115 A-W, Noordsingel A-K, Vrouwe Justitiahof 1-135, Zegwaardstraat 70, Burg. Roosstraat 3
Rotterdam

Architecten/Architects:
WDJArchitecten, Rotterdam (coördinerend architect/coordinating architect, masterplan), (ontwerp plandelen/design of sub-plans Cellen, Huis van Bewaring en Hofvrouw) i.s.m./with Quadrat (masterplan, ontwerp landschap/ landscape design)
HD Architecten, Rotterdam (ontwerp plandelen bewaarderswoningen en kapel/design sub-plans prison officers' dwellings and chapel)
Betrokkenheid bij ontwerpfases/
Involvement in design phases:
TO–UO: ontwerp en tekenwerk/ design and drawings
U: esthetische begeleiding/ aesthetic supervision
Projectarchitecten/Project architects:
WDJArchitecten: Sander Nelissen, Matthijs de Kraker, Jeroen Semeijn
HD Architecten: Peter Bakker
Medewerkers/Contributors:
WDJArchitecten: Wilbertjan Vlot, Freddie Slot,

Ramazan Kaplan, Hiram Duyvestein, Friederike
Hensch, Jamie Yang;
HD Groep: projectteam
Ontwerp – Oplevering/Design – Completion:
2011–2021
Opdrachtgever/Client:
HD Groep, Rotterdam
Aannemers/Contractors:
BAM Wonen, Rotterdam (plandeel/sub-plan
Cellen); BIK Bouw, Barendrecht (plandelen/sub-
plans Huis van Bewaring & Hofvrouw); Van Delft
Infra, Capelle aan den IJssel (buurttuin/
neighbourhood garden)
Constructeur/Structural engineer:
Pieters Bouwtechniek, Delft
Installatieadviseurs, bouwfysica/Building services
consultants, building physics:
Climatic Design Consult (CDC), Hilversum; Starre
Advies B.V., Nieuwerkerk aan den IJssel
Aluminium systemen:
Reynaers Aluminium (CP130, SL 38 en CS 77)
Bouwdirectie/Construction management:
WDJArchitecten (esthestische begeleiding/
aesthetic supervision)
Landschapsarchitect/Landscape architect:
Quadrat, Rotterdam (masterplan i.s.m./with
WDJArchitecten, ontwerp tuin/garden design)
Kunstenaars/Artists:
MGIID (grafisch ontwerp huisstijl/graphic design
house style); WSTNDRP (grafisch ontwerp
poorten/graphic design gates); Madeleine
Berkhemer (kunstwerk in tuin/ artwork in
garden)
Bruto vloeroppervlak/Gross floor area:
20.655 m²
Verkocht vloeroppervlak/Sold floor area:
14.588 m²

p. 92
Benthem Crouwel Architects
Renovatie wevershuis Vijzelgracht/Renovation of
House on Vijzelgracht
Vijzelgracht
Amsterdam

Architect:
Benthem Crouwel Architects, Amsterdam
Betrokkenheid bij ontwerpfases/
Involvement in design phases:
SO–UO: ontwerp en tekenwerk/
design and drawings
U: esthetische begeleiding/
aesthetic supervision
Projectarchitect/Project architect:
Mels Crouwel
Medewerker/Contributor:
Jeroen Jonk
Ontwerp – Oplevering/Design – Completion:
2017–2021
Opdrachtgever/Client:
Particulier, Amsterdam
Aannemer/Contractor:
Van de Brandhof, De Meern
Constructeur/Structural engineer:
Van Rossum Raadgevende Ingenieurs,
Amsterdam
Installatieadviseur, bouwfysica/
Building services consultant, building physics:
Ingenieurs Knipscheer B.V., Soest
Bouwdirectie/Construction management:
Mels Crouwel
Interieurarchitecten/Interior designers:
Mels Crouwel, Kirsten Schipper
Landschapsarchitect/Landscape architect:
Mels Crouwel
Kunstenaar/Artist:
Navid Nuur
Verhuurbaar vloeroppervlak/Lettable floor area:
235 m²

p. 96
Ronald Janssen Architecten
Foeliestraat 2-4 Appartementen/Apartments
Foeliestraat 2-4
Amsterdam

Architect:
Ronald Janssen Architecten, Amsterdam
Betrokkenheid bij ontwerpfases/
Involvement in design phases:
SO–TO: ontwerp en tekenwerk/
design and drawings
UO–U: esthetische begeleiding en controle/
aesthetic supervision
Projectarchitect/Project architect:
Ronald Janssen
Medewerker/Contributor:
Daan Foks
Ontwerp – Oplevering/Design – Completion:
2016–2021
Opdrachtgever/Client:
Buro Amsterdam
Aannemer/Contractor:
Kondor Wessels, Amsterdam
Constructeur/Structural engineer:
Kooij & Dekker, Harderwijk
Installatieadviseur/Building services consultant:
Rebra/Ecensy, Amsterdam
Bouwfysica/Building physics:
Cauberg Huygen, Amsterdam
Bouwdirectie/Construction management:
Jasper Stam, Rijms, Amsterdam
Kale bouwsom/Net building costs:
€ 2.000.000
Bouwkosten per m²/Building costs per m²:
€ 2.554
Bruto vloeroppervlak/Gross floor area:
783 m²
Verhuurbaar vloeroppervlak/Lettable floor area:
668 m²

p. 100
Korth Tielens Architecten
Eenhoornblokken 3 & 4 / Eenhoorn blocks 3 & 4
Mária Telkesstraat
Amsterdam

Architect:
Korth Tielens Architecten, Amsterdam
Betrokkenheid bij ontwerpfases/
Involvement in design phases:
SO–DO: ontwerp en tekenwerk/
design and drawings
TO–U: esthetische begeleiding en controle/
aesthetic supervision
Projectarchitecten/Project architects:
Mike Korth, Gus Tielens
Verantwoordelijke stedenbouwer/Urban planner:
Gemeente Amsterdam
Ontwerp – Oplevering/Design – Completion:
2014–2021
Opdrachtgever/Client:
Ymere, Amsterdam
Aannemer/Contractor:
Era Contour, Zoetermeer
Constructeur/Structural engineer:
Pieters Bouwtechniek, Amsterdam
Installatieadviseur, bouwfysica/
Building services consultant, building physics:
ABT, Delft
Bouwdirectie/Construction management:
Ymere, Bianca van Leent, Jorg van Lith
Interieurarchitect/Interior designer:
Overtreders W. Amsterdam
Landschapsarchitect/Landscape architect:
Frans Boots Ruimtelijk Advies, Amsterdam
Kunstenaar/Artist:
Hansje van Halem
Kale bouwsom/Net building costs:
€ 18.500.000
Bouwkosten per m²/Building costs per m²:
€ 1.668

Bruto vloeroppervlak/Gross floor area:
11.088 m²
Verhuurbaar vloeroppervlak/Lettable floor area:
7.427 m²

p. 104
LEVS architecten
De Bocht
Cruquiusweg 107
Amsterdam

Architect:
LEVS architecten, Amsterdam
Betrokkenheid bij ontwerpfases/
Involvement in design phases:
SO–UO: ontwerp en tekenwerk/
design and drawings
U: esthetische begeleiding en controle/aesthetic
supervision
Projectarchitecten/Project architects:
Adriaan Mout, Jurriaan van Stigt,
Marianne Loof, Surya Steijlen
Medewerkers/Contributors:
Marco Rats, Tibor Kis, David Meijer,
Ingeborg van Lent, Bart Beentjes
Verantwoordelijk stedenbouwer/Urban planner:
LEVS architecten
Ontwerp – Oplevering/Design – Completion:
2015–2021
Opdrachtgever/Client:
Amvest, Amsterdam
Aannemer/Contractor:
Koopmans TBI Bouw, Enschede
Constructeur/Structural engineer:
Pieters Bouwtechniek, Amsterdam
Installatieadviseur/Building services consultant:
Ingenieursburo Linssen, Amsterdam
Bouwfysica/Building physics:
Buro Bouwfysica, Capelle aan den IJssel
Bouwdirectie/Construction management:
JMJ Bouwmanagement, Den Haag/The Hague
Landschapsarchitect/Landscape architect:
Buro Lubbers landschapsarchitectuur &
stedenbouw, Vught
Bruto vloeroppervlak/Gross floor area:
20.300 m²

p. 108
HILBERINKBOSCH architecten
Beeldbuizenfabriek
Strijp-R, Beeldbuisring
Eindhoven

Architect:
HILBERINKBOSCH architecten, Berlicum
Betrokkenheid bij ontwerpfases/
Involvement in design phases:
SO–TO: ontwerp en tekenwerk/
design and drawings
UO–U: esthetische begeleiding en controle/
aesthetic supervision
Projectarchitecten/Project architects:
Annemariken Hilberink, Geert Bosch, Jaap
Janssen, Chris Burghouts, Frenske Wijnen, Rolf
van Boxmeer, Albert Veenstra
Verantwoordelijk stedenbouwer/Urban planner:
Buro Lubbers landschapsarchitectuur en
stedenbouw i.s.m./with diederendirrix
architectuur & stedenbouw
Ontwerp – Oplevering/Design – Completion:
2015–2021
Opdrachtgever/Client:
Amvest, Amsterdam
Aannemer/Contractor:
Hendriks Bouwbedrijf, Oss
Constructeur/Structural engineer:
Goudstikker de Vries, Den Bosch
Installatieadviseur, bouwfysica/
Building services consultant, building physics:
DPA Cauberg Huygen, Son
Aluminium systemen:
Reynaers Aluminium (SL 38 en CW 50)

Bouwdirectie/Construction management:
Lavertuur Planontwikkeling, Tilburg
Landschapsarchitect/Landscape architect:
Buro Lubbers landschapsarchitectuur &
stedenbouw, Vught
Kale bouwsom/Net building costs:
€ 15.400.000
Bouwkosten per m²/Building costs per m²:
€ 1.036
Bruto vloeroppervlak/Gross floor area:
14.860 m²
Verhuurbaar vloeroppervlak/Lettable floor area:
1.790 m²

p. 112
VMX Architects
Haasje Over
Leidingstraat 30
Eindhoven

Architect:
VMX Architects, Amsterdam
Betrokkenheid bij ontwerpfases/
Involvement in design phases:
SO–TO: ontwerp en tekenwerk/
design and drawings
UO–U: esthetische begeleiding en controle/
aesthetic supervision
Projectarchitecten/Project architects:
Don Murphy
Medewerkers/Contributors:
Shaya Fallahi, Daniel Bakker, Sven Hoogerheide,
Chayasombat, Darren van der Waart
Verantwoordelijke stedenbouwer/Urban planner:
West 8, Rotterdam
Ontwerp – Oplevering/Design – Completion:
2017–2021
Opdrachtgever/Client:
Trudo, Eindhoven
Aannemer/Contractor:
Stam en de Koning, Eindhoven
Constructeur/Structural engineer:
Adviesbureau Tielemans, Eindhoven
Installatieadviseur/Building services consultant:
Ten Hooven bouwadvies, Haaren
Aluminium systemen:
Reynaers Aluminium (CS 77 en CW 50)
Bouwfysica/Building physics:
Peutz B.V., Eindhoven
Akoestiek/Acoustics:
Peutz B.V., Eindhoven
Brandveiligheid en milieu/
Fire safety and environment:
vb&t Verhuurmakelaars, Den Bosch
Bouwdirectie/Construction management:
Trudo, Eindhoven
Landschapsarchitect/Landscape architect:
Buro Lubbers, Vught
Interieurarchitect/Interior designer:
VMX Architects, Amsterdam
Kale bouwsom/Net building costs:
€ 23.000.000
Bouwkosten per m²/Building costs per m²:
€ 1.260
Bruto vloeroppervlak/Gross floor area:
18.241 m²
Verhuurbaar vloeroppervlak/Lettable floor area:
13.140 m²

p. 122
Atelier PRO architecten i.s.m./with
Van Hoogevest Architecten
The British School of Amsterdam
Havenstraat 6
Amsterdam

Architect:
Atelier PRO architecten, Den Haag/The Hague
Van Hoogevest Architecten, Amersfoort
Betrokkenheid bij ontwerpfases/
Involvement in design phases:
SO–UO: ontwerp en tekenwerk/

design and drawings
U: esthetische begeleiding/
aesthetic supervision
Projectarchitecten/Project architects:
Dorte Kristensen, Lisette Plouvier,
Evelien van Beek
Medewerkers/Contributors:
Alba Calvo Balcells, André van Veen, Bart
Dessens, Coen Bouwmeester, Corine Jongejan,
Eelko Bemener, Hatice Kilinc, Priet Jokhan,
Raymond Wernet, Tobias Thoen
Ontwerp – Oplevering/Design – Completion:
2016–2021
Opdrachtgever/Client:
The British School of Amsterdam, Amsterdam
Aannemer/Contractor:
Heddes Bouw & Ontwikkeling, Hoorn
Constructeur/Structural engineer:
IMd Raadgevende Ingenieurs, Rotterdam
Installatieadviseur, bouwfysica/Building services
consultant, building physics:
Deerns Raadgevende Ingenieurs, Rijswijk
Bouwdirectie/Construction management:
BOA advies, Amsterdam; Themelion B.V.,
Amsterdam; Pheidius B.V., Apeldoorn
Bruto vloeroppervlak/Gross floor area:
14.123 m²

p. 126
architecten|en|en & diederendirrix
Vernieuwing 't Karregat/
Renovation of 't Karregat
Urkhovenseweg 4-16
Eindhoven

Architecten/Architects:
architecten|en|en (penvoerder/lead architect) &
diederendirrix (co-architect), Eindhoven
Betrokkenheid bij ontwerpfases/Involvement
in design phases:
SO–UO: ontwerp en tekenwerk/
design and drawings
U: esthetische begeleiding/
aesthetic supervision
Projectarchitecten/Project architects:
Frans Benjamins, Paul Diederen, Arie van
Rangelrooij
Medewerkers/Contributors:
Thijs Kieboom, Marco de Groot
Ontwerp – Oplevering/Design – Completion:
2010–2020
Opdrachtgever/Client:
Gemeente Eindhoven; Lidl Vastgoed, Huizen
Aannemers/Contractors:
Burgland Bouw, Dodewaard; BanBouw, Nuenen
Constructeur/Structural engineer:
ABT, Velp; Bouwtechnisch adviesbureau
Ad Wouters B.V., Mierlo
Installatieadviseur, bouwfysica/
Building services consultant, building physics:
Nobel Advies B.V., Broekhuizen
Bouwtechnisch adviesbureau Ad Wouters B.V.,
Mierlo
Bouwdirectie/Construction management:
Gemeente Eindhoven; Lidl Vastgoed, Huizen
Kunstenaar/Artist:
Pierre van Soest (oorspronkelijk ontwerp/original
design)
Kleuronderzoek/Colour research:
Suzanne Fischer, Oegstgeest
Bruto vloeroppervlak/Gross floor area:
7.300 m²

p. 130
Wiel Arets Architects
Van der Valk Hotel Zuidas
Tommaso Albinonistraat 200
Amsterdam

Architect:
Wiel Arets Architects Amsterdam
Betrokkenheid bij ontwerpfases/

Involvement in design phases:
VO–UO: ontwerp en tekenwerk/
design and drawings
U: tekenwerk en esthetische begeleiding/
drawings and aesthetic supervision
Projectarchitecten/Project architects:
Wiel Arets, Joris van den Hoogen,
Jochem Homminga, Jos Beekhuijzen
Medewerkers/Contributors:
Louise Bjørk, Jelle Homburg, Bram van Grinsven,
Xander van Dijk
Verantwoordelijke stedenbouwer/Urban planner:
Gemeente Amsterdam, Ton Schaap
Ontwerp – Oplevering/Design – Completion:
2014–2021
Opdrachtgever/Client:
Van der Valk Hotel Amsterdam Zuidas
Aannemer/Contractor:
Pleijsier Bouw, Nijkerk
Constructeur/Structural engineer:
Pieters Bouwtechniek, Amsterdam
Installatieadviseur, bouwfysica/
Building services consultant, building physics:
Linthorst Installatietechniek, Apeldoorn; Deerns
Raadgevende Ingenieurs, Zwolle
Bouwdirectie/Construction management:
Van der Valk Hotel Amsterdam Zuidas
Interieurarchitect/Interior designer:
Wiel Arets Architects, Amsterdam i.s.m./with
Ineke Roosen, Maastricht
Bruto vloeroppervlak/Gross floor area:
26.000 m²

p. 134
MVRDV
Depot Boijmans Van Beuningen
Museumpark 24
Rotterdam

Architect:
MVRDV, Rotterdam
Betrokkenheid bij ontwerpfases/
Involvement in design phases:
SO–UO: ontwerp en tekenwerk/
design and drawings
U: esthetische supervisie/
aesthetic supervision
Projectarchitecten/Project architects:
Winy Maas, Fokke Moerel
Medewerkers/Contributors:
Arjen Ketting, Sanne van der Burgh, Fedor Bron,
Gerard Heerink, Elien Deceuninck, Jason
Slabbynck, Rico van de Gevel, Marjolein
Marijnissen, Remco de Haan
Ontwerp – Oplevering/Design – Completion:
2013–2021
Opdrachtgever/Client:
Museum Boijmans Van Beuningen, Rotterdam;
Stichting De Verre Bergen, Rotterdam;
Gemeente Rotterdam
Aannemer/Contractor:
BAM Bouw en Techniek, Bunnik
Constructeur/Structural engineer:
IMd Raadgevend Ingenieurs, Rotterdam
Installatieadviseur, bouwfysica/
Building services consultant, building physics:
Royal HaskoningDHV Engineering, Amersfoort;
Peutz B.V., Zoetermeer
Bouwdirectie/Construction management:
De Comme, Zaltbommel
Landschapsarchitect/Landscape architect:
MTD landschapsarchitecten, Den Bosch
Interieurarchitect/Interior designer:
Concrete Amsterdam (restaurant)
Kunstenaars/Artists:
John Körmeling (lobby), Marieke van Diemen
(atrium), Pipilotti Rist (lichtkunstwerk/
light artwork)
Kale bouwsom/Net building costs:
€ 55.000.000
Bouwkosten per m²/Building costs per m²:
€ 3.503

Bruto vloeroppervlak/Gross floor area:
15.700 m²
Verhuurbaar vloeroppervlak/Lettable floor area:
1.600 m²

p. 140
BiermanHenket
Museum van Bommel van Dam
Keulsepoort 1
Venlo

Architect:
BiermanHenket, Esch
Betrokkenheid bij ontwerpfases/
Involvement in design phases:
SO–U: ontwerp en tekenwerk incl. volledige
directievoering/design and drawings incl. overall
project management
Projectarchitect/Project architect:
Yvonne Segers-van Wilderen
Medewerkers/Contributors:
Jorg de Bie, Marty van de Ven, Bregje Dankers,
Janneke Bierman, Wouter Habets
Ontwerp – Oplevering/Design – Completion:
2019–2021
Opdrachtgever/Client:
Gemeente Venlo
Aannemer/Contractor:
Nico de Bont, Vught
Constructeur/Structural engineer:
Alferink-Van Schieveen, Zwolle
Installatieadviseurs, bouwfysica/
Building services consultants, building physics:
Huisman & Van Muijen, Den Bosch; Peutz B.V.,
Eindhoven
Bouwdirectie/Construction management:
BiermanHenket, Esch
Landschapsarchitect/Landscape architect:
OKRA landschapsarchitecten, Utrecht
Interieurarchitect/Interior designer:
BiermanHenket, Esch
Kale bouwsom/Net building costs:
€ 5.102.000 excl. btw/VAT
Bouwkosten per m²/Building costs per m²:
€ 1.265
Bruto vloeroppervlak/Gross floor area:
4.034 m²
Verhuurbaar vloeroppervlak/Lettable floor area:
2.729 m²

p. 150
NOAHH i.s.m./with JCAU & NL Architects
Amare
Spuiplein 150
Den Haag/The Hague

Architecten/Architects:
NOAHH | Network Oriented Architecture,
Amsterdam, JCAU | Jo Coenen Architects &
Urbanists, Amsterdam, NL Architects,
Amsterdam
Betrokkenheid bij ontwerpfases/
Involvement in design phases:
SO–DO: ontwerp en tekenwerk/design and
drawings
TO–UO: ontwerp en esthetische begeleiding en
controle/design and aesthetic supervision
Projectarchitecten/Project architects:
Patrick Fransen (NOAHH), Thomas Offermans
(JCAU), Kamiel Klaasse (NL Architects)
Medewerkers/Contributors:
NOAHH: Stefanie Lama, Pieter Benschop,
Aafke de Bode, Geert Mol, Ilse Bakker, Rimaan
Aldujaili, Bilal Karaburun, Elisa Zampogna, Paul
van Dijk (Studio Deep Blue), Dania Di Pietro,
Serena Fanelli, Barbara Busslinger, Irina
Margarit, Ashkan Hashemkhani, Magdalena
Nalepa, Amaia Oyarbide, Onne Walsmit, Daan van
Westen, Alexander van Nalta, Albert Laarman,
Reijer Pielkenrood, Loes Thijssen, Ivo Brandes,
Mick Madder, Paulina Kapczynska, Marielle
Wetter, Kristina Kosic, Blaz Solar, Valeria Obino,

Lucas Pissetti, Mirce Mladenov (Renderji), Ed
Both (adviesbureau Both), Laura Nazzari, Stella
Makri, Maartje Nuy, Sebastiaan Boer. Eleonora
Gaudini, Valentin Kobes, Paola Rapana, Anna
Odulinska, Alma Holm, Angela Ramirez
JCAU: Jo Coenen, Laurens Cobben (LC Arch),
Xenofon Moraitis, Luciënne Bregman, Willem
Lucassen, Mark Haenen, Cas Bonnema, Eline
Blom, Anne-Sophie Kortman, Guido Schot,
Domenico Nava, Wouter Hagers, Yuri Buteijn,
Paulos Kinfu
NL Architects: Pieter Bannenberg, Walter van
Dijk, Gen Yamamoto, Sarah Moeller, Kirsten
Huestig, Giulia Pastore, Ernesto Vélamos
Quesada
Verantwoordelijk stedenbouwer/Urban planner:
Jo Coenen
Ontwerp – Oplevering/Design – Completion:
2015–2021
Opdrachtgever/Client:
Den Haag
Aannemer/Contractor:
Bouwcombinatie Cadanz, Rijswijk (Boele &
van Eesteren|Visser & Smit Bouw) i.s.m./with
HOMIJ Technische Installaties, Vianen
Constructeur/Structural engineer:
Aronsohn Raadgevende Ingenieurs, Rotterdam
Installatieadviseur/Building services consultant:
Ingenieursburo Linssen, Amsterdam
Bouwfysica/Building physics:
LBP | Sight, Nieuwegein
Akoestiek/Acoustics:
Studio DAP, Parijs/Paris
Theateradvies/Theatrical consultant:
Theateradvies, Amsterdam
Kale bouwsom/Net building costs:
€ 152.000.000
Bouwkosten per m²/Building costs per m²:
€ 3.100
Bruto vloeroppervlak/Gross floor area:
54.000 m²

Colofon
Acknowledgements

Samenstelling/Edited by
Teun van den Ende, Uri Gilad, Arna Mačkić

Teksten/Texts
Teun van den Ende, Uri Gilad, Arna Mačkić

Vormgeving/Design
Joseph Plateau, Amsterdam

Vertaling/Translation
Robyn de Jong-Dalziel

Beeldredactie/Picture editing
Ingrid Oosterheerd

Tekstredactie/Text editing
Els Brinkman, Robyn de Jong-Dalziel

Projectleiding/Project coordinator
Marcel Witvoet, naioıo uitgevers/publishers
i.s.m./with
Janine van den Dool, Natasja van Nunen, Cathérine Frissen

Uitgever/Publisher
naioıo uitgevers/publishers

Druk en lithografie/Printing and lithography
Drukkerij die Keure, Brugge/Bruges

Advertenties/Advertisements
RSM Co-publishers
Sixhavenweg 8
1021 HG Amsterdam
t: +31 (0)20-7708481
e: reinhart@rsminfo.nl
w: http://www.rsminfo.nl

Omslagfoto/Cover photo

Karin Borghouts, Happel Cornelisse Verhoeven, Tijdelijke huisvesting Eerste Kamer en Raad van State/Temporary housing of the Senate and Council of State, Den Haag/The Hague

Foto's projecten/Project photos

BASE Photography 127, 128, 129
Beeldenfabriek 87
Lorien Beijaert 79
Mike Bink 83
Jan Bitter 130, 132, 133
Eva Bloem 122, 124, 125
Karin Borghouts 32, 34, 35
Marcel van der Burg 113, 114, 115
Collectie/Collection Het Nieuwe Instituut, Rotterdam, archief Klinkhamer 129
Werry Crone 31
Sebastian van Damme 37, 97, 98, 99
Elzo Dijkhuis 78
Ossip van Duivenbode 81, 82, 83, 104, 106, 107, 134, 135, 136, 137, 144, 145, 147
Katja Effting 147
Fernando Guerra 36, 38, 39
Frank Hanswijk 85, 86, 87
Max Hart Nibbrig 51, 52, 53, 59, 60, 61, 70, 103
HILBERINKBOSCH architecten 111
HP Architecten 27
Manou Huijbrechts 25, 26
Jordi Huisman 46, 48, 49
Kees Hummel 66, 68, 69
JR Kikkert 146, 147
Meindert Koelink 26
LEVS architecten 106
Jannes Linders 92, 93, 94, 95
Mick Madder 146
Paul Martens 87
Museum van Bommel van Dam, Venlo 143
Stijn Poelstra 28, 30, 31, 140, 142, 143
Dennis De Smet 100, 102, 103
Stadsarchief Amsterdam 55, 71, 99, 124
Studio Libeskind & Rijnboutt 68
Siese Veenstra 76, 78, 79
VMX/Sint Trudo 114
René de Wit 108, 110, 111
Thijs Wolzak 54, 56, 57, 72, 74, 75

Foto's essays/Essay photos

Aerophoto Schiphol 20
Nico Bick 16, 18
Filippo Bolognese 120
Karin Borghouts 44
Gianni Cito 64
Albertine Dijkema/Rijksmuseum 44, 45
Ossip van Duivenbode 90
Marjolein van Eig 90
Happel Cornelisse Verhoeven Architecten 44, 45
Max Hart Nibbrig 64
Heutink Groep 62
Kees Hummel 88
Marcel IJzerman 116
Jannes Linders, Collectie/Collection Het Nieuwe Instituut, Rotterdam, archief NAIN 17
Jannes Linders 65
Christian Richters/IABR 21
Johannes Schwartz, Collectie/Collection Het Nieuwe Instituut, Rotterdam 42
Johannes Schwartz, Collectie/Collection Het Nieuwe Instituut, Rotterdam, Collectie/Collection Hans van Dijk 14
Shift architecture urbanism 119
Dennis De Smet 118
Siese Veenstra 91
Vero 121

naioıo uitgevers is een internationaal georiënteerde uitgever, gespecialiseerd in het ontwikkelen, produceren en distribueren van boeken over architectuur, beeldende kunst en verwante disciplines.
naioıo publishers is an internationally orientated publisher specialized in developing, producing and distributing books on architecture, visual arts and related disciplines.
www.naioıo.com
info@naioıo.com

naioıo books are available internationally at selected bookstores and from the following distribution partners:
North, Central and South America – Artbook | D.A.P., New York, USA, dap@dapinc.com Rest of the world – Idea Books, Amsterdam, the Netherlands, idea@ideabooks.nl
For general questions, please contact nai010 publishers directly at sales@naioıo.com or visit our website www.naioıo.com for further information.

Printed and bound in Belgium
ISBN 978-94-6208-678-4

zonneveld ingenieurs

www. zonneveld.com

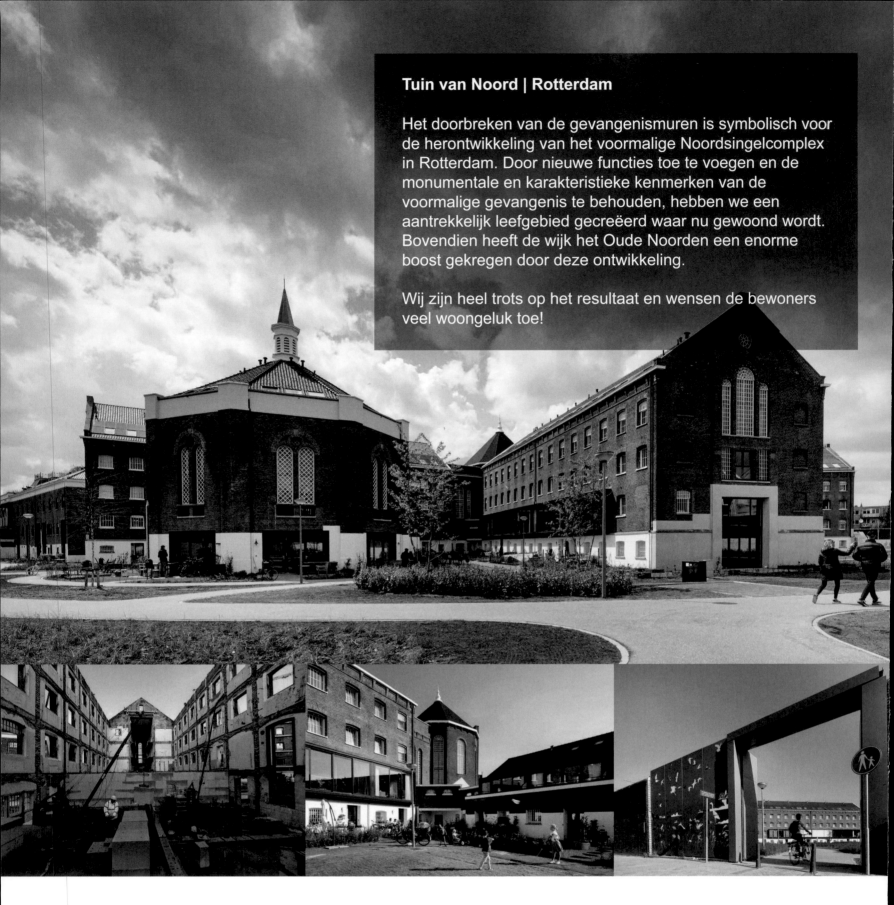

Tuin van Noord | Rotterdam

Het doorbreken van de gevangenismuren is symbolisch voor de herontwikkeling van het voormalige Noordsingelcomplex in Rotterdam. Door nieuwe functies toe te voegen en de monumentale en karakteristieke kenmerken van de voormalige gevangenis te behouden, hebben we een aantrekkelijk leefgebied gecreëerd waar nu gewoond wordt. Bovendien heeft de wijk het Oude Noorden een enorme boost gekregen door deze ontwikkeling.

Wij zijn heel trots op het resultaat en wensen de bewoners veel woongeluk toe!

Pleijsier Bouw

Samen
anders bouwen

ADVIESBUREAU TIELEMANS

FELICITEERT

VMX ARCHITECTS

MET HET PRIJSWINNENDE ONTWERP
VOOR DE ONTWIKKELING VAN TRUDO
REALISATIE DOOR STAM EN DE KONING

HAASJE OVER

Architectuur

Design

Digitale Cultuur

Onderzoek

Collectie

Museumpark
Rotterdam

Het Nieuwe
Instituut

digitale cultuur

architectuur

Ben je architect,
stedenbouwkundige, planoloog
of onderzoeker met een idee
voor een cultureel project?
Vraag dan subsidie aan bij het
Stimuleringsfonds Creatieve
Industrie.

Of reageer op een open oproep
binnen het Actieprogramma
Ruimtelijk Ontwerp als je een
voorstel hebt om ruimtelijk
ontwerp in te zetten bij
transitieopgaven.

stimuleringsfonds.nl

cross-overs

vormgeving